Meditation

Strukturen, Wege und Erlebnisse im Bewußtsein

Bücher von Harry Eilenstein:

- Astrologie (320 S.)
- Handbuch für Zauberlehrlinge (408 S.)
- Die Chakren (100 S.)
- Der Lebenskraftkörper (230 S.)
- Hathor und Re:
    Band 1: Götter und Mythen im Alten Ägypten (432 S.)
    Band 2: Die altägyptische Religion – Ursprünge, Kult und Magie (396 S.)
- Muttergöttin und Schamanen (140 S.)
- Christus (60 S.)
- Odin (284 S.)
- Kursus der praktischen Kabbala (150 S.)
- Eltern der Erde (450 S.)
- Blüten des Lebensbaumes:
    Band 1: Die Struktur des kabbalistischen Lebensbaumes (370 S.)
    Band 2: Der kabbalistische Lebensbaum als Forschungshilfsmittel (580 S.)
    Band 3: Der kabbalistische Lebensbaum als spirituelle Landkarte (520 S.)
- Über die Freude (100 S.)
- Das Geheimnis des Seelenfriedens (252 S.)
- Von innerer Fülle zu äußerem Gedeihen (52 S.)

Kontakt

www.HarryEilenstein.de
Harry.Eilenstein@web.de

Impressum:

Copyright: 2009 by Harry Eilenstein
Herstellung und Verlag: Books on Demand GmbH, Norderstedt
ISBN: 9783839101810

für Naropa,
Abt von Nalanda,
Yogi in der Wildnis
und
unverhoffter Helfer in der Not

Inhaltsverzeichnis

A Meditation: Weitung des Bewußtseins

Auf den ersten Blick sieht Meditation recht eindeutig aus: Jemand sitzt still da und ruht mit seiner Aufmerksamkeit offensichtlich ganz in seinem Inneren. Wenn man dann jedoch ein Dutzend Meditierende darüber befragt, was sie beim Meditieren eigentlich tun, und dann noch ein Dutzend Bücher über dieses Thema liest, erhält man eine bunte Vielfalt von Dingen, die die einzelnen Meditierenden bei ihrer Meditation machen – insbesondere, wenn unter den befragten Personen nicht nur Yogis, sondern auch japanische Roshis, christliche Mönche, islamische Sufis, afrikanische Wagangas, indianische Medizinmänner, europäische Chaos-Magier, Rosenkreuzer, Freimaurer und Anhänger von Osho sind.

Allen gemeinsam ist, daß sie sich mit ihrem eigenen Bewußtsein befassen. Und es ist ebenfalls allen gemeinsam, daß sie durch den bewußten Umgang mit ihrem Bewußtsein und dessen Weiterentwicklung zu einem Zustand des Glücks gelangen wollen.

Eine weitere Gemeinsamkeit wird erst sichtbar, wenn man sich länger mit den verschiedenen Ansichten und Methoden beschäftigt hat: Alle Meditierenden gehen davon aus bzw. haben erfahren, daß es ein größeres Ganzes gibt, als dessen Teil man sich erleben kann. Dieses größere Ganze ist sinnvoll geordnet und gibt jedem seiner Teile Geborgenheit, wenn dieser Teil danach strebt. Dieses größere Ganze wird Gott, Allah, Wakan, Satori, Tao, Nirvana und noch vieles mehr genannt.

Meditation ist zu einem guten Teil das bewußte Bestreben, sich dieses größeren Ganzen wieder bewußt zu werden, also das eigene Bewußtsein wieder in dieses größere Ganze hinein auszudehnen. Dabei gehen die meisten Meditierenden davon aus, daß das eigene Bewußtsein oder die eigene Seele ursprünglich auch einmal ein Teil dieses Ganzen gewesen ist.

In diesem Sinne ist Meditation eine Rückkehr in die eigene innere Heimat, die zugleich auch die innere Heimat aller anderen Menschen ist.

Diese Heimat ist aber nicht nur ein individueller innerer Zustand, sondern eine allgemeine, äußere Wirklichkeit, was sich unter anderem darin zeigt, daß mit einem Fortschritt in der Meditation auch viele äußere Phänomene verbunden sind, die im allgemein unter den Begriff der Magie fallen. Zu ihnen gehört das Herbeiführen sinnvoller Zufälle, Telepathie, Telekinese, das Vorhersehen von Ereignissen und ähnliches mehr.

Durch die Meditation weitet sich das Bewußtsein wieder in seinen ursprünglichen Zustand hinein, in dem es deutlich mehr wahrnimmt und bewirken kann als im normalen Alltagsbewußtsein. In diesem geweiteten Zustand weitet sich auch die eigene Identität aus, da man sich selber als das Innere von einem größeren Kreis von Lebewesen und Dingen erlebt als im Normalbewußtsein. Daher löst sich bei der fortgeschritteneren Meditation auch die Vorstellung, ein abgegrenztes Individuum zu sein, auf. An die Stelle dieser Vorstellung tritt dann das Erlebnis, ein Muster in einem Kontinuum zu sein: Das Ich wird dann als ein Teil eines die gesamte Welt umfassenden Musters erlebt. Schließlich weitet sich das Bewußtsein noch ein weiteres Mal und man erlebt die gesamte Welt als eine umfassende Einheit.

Die Stufen dieser Meditation kann man recht gut an der Art der optischen Wahrnehmungen erkennen, die man dabei hat:

Stufen der Meditation und der Wahrnehmung		
Stufe	**Wahrnehmung**	**Bereich**
Ausgangspunkt	Wahrnehmung der materiellen Welt mit den Augen	Alltag
2. Stufe	innere Wahrnehmungen mit wenig Farbe, durch ein diffuses Licht beleuchtet	Unterbewußtsein
3. Stufe	von innen her leuchtende Gestalten und Dinge	eigene Seele
4. Stufe	Konturen im Licht	Gottheiten
5. Stufe	gleißendweißes Licht	der Eine Gott

Man kann den gesamten Bogen, den man durch die Meditation zurücklegen kann, als den Weg von der Vielheit zur Einheit, vom Menschen zu Gott, vom begrenzten Bewußtsein zum unbegrenzten Bewußtsein beschreiben.

Dabei fängt jede Meditation klein an. Und sie trägt auch schon Früchte, lange bevor man erleuchtet ist.

Schon die größere Vertrautheit mit dem eigenen, bisher teilweise verborgenen Innenleben auf der 2. Stufe ist eine Bereicherung. Die Begegnung mit der eigenen Seele auf der 3. Stufe ist eine der wichtigsten Erlebnisse auf der spirituellen Reise – und dieses Erlebnis ist nicht so schwer zu erreichen, wie man vielleicht annehmen könnte.

B Arten des Bewußtseins

Bei Bewußtsein denkt man zunächst einmal an das gewohnte Alltagsbewußtsein, mit dessen Hilfe man sein Leben koordiniert. Daneben gibt es aber auch noch den Traumzustand, der ein deutlich anderer Bewußtseinszustand ist, an den man sich vom Wachbewußtsein her mehr oder weniger gut erinnern kann.

Dann gibt es noch den Tiefschlafzustand, den man im allgemeinen als eine vollkommene Bewußtlosigkeit anzusehen geneigt ist. Schließlich gibt es noch den Ekstasezustand, den man im Normalfall nur vom sexuellen Orgasmus her kennt.

Somit gibt es vier verschiedene gut bekannte Arten des Bewußtseins. Die unterschiedlichen Meditationen haben zum größten Teil ganz einfach die Funktion, diese verschiedenen Bewußtseinsformen miteinander zu verbinden.

Der Ausgangspunkt für dieses Bestreben ist natürlicherweise das Wachbewußtsein, da man nur in seinem Wachbewußtsein bewußte Entschlüsse fassen und bewußte Übungen und Experimente durchführen kann. Daneben gibt es allerdings durchaus auch Meditationsformen wie das Traumyoga, bei dem man im Traumbewußtsein beginnt – allerdings besteht der erste Schritt dieser Arten von Meditation auch darin, bewußt zu werden, d.h. im Traum zum Wachbewußtsein zu erwachen.

B 1. Wachbewußtsein

Das normale Bewußtsein, in dem man sich während des Tages befindet und in dem man seinen alltäglichen Verrichtungen nachgeht, scheint recht gut bekannt zu sein und alles im Griff zu haben. Bei genauerem Hinsehen kann man erkennen, daß dieses Bewußtsein jedoch nicht so umfassend und so perfekt ist, wie man vielleicht zunächst einmal meint.

Da gibt es z.B. das Phänomen, daß man sich manchmal an etwas erinnern kann und manchmal aber auch nicht. Oder auch das Phänomen, daß einem manche Dinge bewußt sind und andere nicht – so ist einem Menschen z.B. nur in einem Bruchteil seiner Zeit sein eigenes Gewicht oder die Bewegung der eigenen Zunge beim Sprechen bewußt – und fast nie ist man sich der Tätigkeit seiner eigenen Verdauungsorgane oder des eigenen Herzens oder gar der eigenen Milz bewußt.

Das Wachbewußtsein ist also nicht eine die gesamte Persönlichkeit umfassende Wachheit, sondern eher so etwas wie ein zentrales Büro, das von vielen Archiven, untergeordneten Abteilungen, Informationsbeschaffungsbeauftragten usw. umgeben ist. Das Wachbewußtsein ist "der Manager vor Ort". Das Wachbewußtsein ist der Teil des Bewußtseins, der die größte Schärfe und Klarheit und Wachheit hat, und der auch das ausgeprägteste und sicherste Selbstbewußtsein hat – im Sinne eines "sich seiner selbst bewußt sein". Man vergleiche den wachen Zustand nur einmal mit dem eines Schlafwandlers.

Das Wachbewußtsein ist das "Basislager" für alle meditativen Exkursionen. Daher lohnt es sich, auch das Wachbewußtsein näher zu betrachten. Eine der wichtigsten Fähigkeiten des Wachbewußtseins ist es, sich konzentrieren zu können, da dadurch das Wahrgenommene an Schärfe und Klarheit gewinnt – und infolgedessen die eigenen Entscheidungen und Handlungen effektiver werden.

Der einfachste Test in Bezug auf die eigene Konzentrationsfähigkeit ist es, sich eine zeitlang auf eine einzige Sache zu konzentrieren und sie zu untersuchen, zu beschreiben, durchzuführen. Wenn man dabei häufig mit seiner Aufmerksamkeit abschweift, hilft evtl. Jonglieren oder Balancieren ...

Man sollte sich für das Konzentrieren einen Gegenstand auswählen, an dem man bereits ein größeres Interesse hat, um nicht gegen die eigene Natur handeln zu müssen. Es geht bei der Meditation nicht um Leistung, Übung, Disziplin und ähnlich harte Methoden. Die sinnvolle Grundhaltung für das Wachbewußtsein ist das "sich in das Hier und Jetzt hinein entspannen" - wie dies vor 900 Jahren der Yogi Maitripa so treffend formuliert hat.

Die erstrebte Qualität des Wachbewußtseins ist eben das "Wach-sein": anwesend, aufmerksam, offen, anteilnehmend sein – und neugierig-freundlich zu allem, was einem begegnet ... im Innen und im Außen.

Die Aufgabe des Wachbewußtseins ist es, die Welt zu erfassen und die eigene Situation zu begreifen und dann zu Entscheidungen zu finden, die freundlich zu sich selber und zu anderen und zu der Welt sind, die das Leben fördern, und die ein möglichst echter, tiefer und direkter Ausdruck dessen sind, was man selber im Innersten ist.

Die meisten komplexeren Meditationsarten beginnen mit der Klärung und Stärkung der beiden Chakren, die mit dem Wachbewußtsein verbunden sind: in Indien ist dies meistens das „Dritte Auge" und in Tibet meistens das „Hara". Der Meditationspunkt, der „Drittes Auge" genannt wird, befindet sich zwischen den Augenbrauen, und der Meditationspunkt, der „Hara" genannt wird, befindet sich vier Finger breit unterhalb des Bauchnabels.

Das Erwecken dieser beiden Chakren kann auf verschiedene Arten geschehen:

> - durch das still Dasitzen und dabei die Aufmerksamkeit möglichst beständig auf der betreffenden Körperstelle ruhen lassen;
> - durch das Lenken des Atems zu der betreffenden Stelle: man stellt sich dabei beim Einatmen vor, daß der Atem und mit dem Atem die leuchtende Lebenskraft zu dem Chakra fließt und daß sie beim Ausatmen dort aufleuchtet;
> - durch das Achten auf die Gefühle und Bilder, die mit dem betreffenden Chakra zusammenhängen, und ihr freundliches Annehmen: diese Bilder können bei der Konzentration auf das Chakra, beim Atmen in das Chakra oder auch einfach im Alltag auftreten – dieses Betrachten und Begrüßen und Annehmen der Bilder aus dem betreffenden Chakra führt dazu, daß man sich selber kennenlernt und nach und nach die betreffenden Bilder annehmen kann.

Die Grundhaltung dabei ist recht schlicht: Wenn man etwas weiterentwickeln will, muß man das Betreffende zunächst einmal anschauen und kennenlernen. Wenn dabei unangenehme Bilder oder Eindrücke auftreten, dann sollte man mit ihnen wie mit einem Kind umgehen, das sich gestoßen hat: Man hockt sich nieder, nimmt das Kind in die Arme und fragt freundlich und anteilnehmend (und ernstnehmend!), was denn geschehen ist.

Im Islam haben die „wirbelnde Derwische" eine effektive Methode entwickelt, um ganz im Hier und Jetzt bleiben zu können. Sie drehen sich auf der Stelle im Uhrzeigersinn im Kreis. Bei diesem Drehen hängt die linke Hand entspannt in einer Geste herab, als würde man aus ihr beim Drehen alles, was man loslassen will, herausfließen lassen. Den rechten Arm hält man in einer solchen Weise leicht angewinkelt waagerecht vor sich, daß man während des Rotierens („Wirbeln") in die ca. einen halben Meter vor dem Gesicht befindliche Handinnenfläche blicken kann.

Die Angelegenheit hat natürlichen einen pfiffigen Trick: Solange man beim Drehen unverwandt und entspannt-konzentriert in seine Hand blickt, kann man sich weiterdrehen, aber sobald man woanders hinschaut oder an etwas anderes denkt, beginnt man zu schwanken und es wird einem schwindelig und unter Umständen übel. Diese Effekte unterstützen den Tänzer natürlich wirkungsvoll bei der Aufrechterhaltung seiner Konzentration auf den Blick in seine eigene Handinnenfläche...

Mit der Zeit dreht man sich immer schneller. Wenn man diese „Tanz-Meditation" wieder beenden will, dreht man sich allmählich immer langsamer bis man schließlich wieder zum Stehen kommt.

Diese Meditation hat, wenn man sie eine Weile durchführt, auch noch andere Wirkungen ... um die es dabei eigentlich geht – aber die werden hier nicht verraten.

Der Zen-Buddhismus besteht als Methode fast ausschließlich aus der Klärung des Wachbewußtseins: im Hier und Jetzt bleiben; das tun, was gerade ansteht; essen, wenn man hungrig ist; schlafen, wenn man müde ist; denken, wenn es gebraucht wird (und sonst das Denken ruhen lassen); wach und aufmerksam sein; die Dinge annehmen, wie sie sind; das Leben fördern; freundlich zu sich selber sein; alles annehmen; ... und die Freude zulassen, die durch ein solches Verhalten nach einer Weile von selber entsteht ...

B 2. Traumbewußtsein

Das Traumbewußtsein ist der Bereich, in dem sich die Gesamtheit der eigenen Erinnerungen befindet – wobei ein großer Teil davon nicht ohne größere Mühe wieder wachbewußt werden kann ... verschüttet in den Tiefen der Archive ...

Während des Träumens werden verschiedene, ähnliche Erinnerungen zu immer umfassenderen Mustern zusammengefügt, die zunächst Symbole, dann Urbilder und letztlich die eigene innere Mythologie bilden. Diese innere Mythologie ist der meist nur halbbewußte Motivationshintergrund der Psyche.

Diese inneren Bilder sind nicht einfach neutrale Photographien der eigenen Vergangenheit, sondern in den meisten dieser inneren Bilder befinden sich auch noch alte Gefühle. Durch diese „konservierten" Ängste und Süchte wirken diese alten Bilder auf ihre psychische Umgebung ein und deshalb auch auf das Wachbewußtsein, in dem sie letztlich als Handlungsimpulse oder die unklare Neigung, etwas Bestimmtes zu tun oder zu lassen, auftauchen.

In den heftigsten Fällen, also bei Erinnerungen an Situationen mit Todesangst oder ähnlich großen Bedrohungen kann es passieren, daß solche Erinnerungen erstarren, wodurch ein Trauma entsteht. Dann sind die Gefühle in diesem Erinnerungsbild so heftig, daß sie die gesamte übrige Psyche zwingen können, ein bestimmtes Verhalten zu verfolgen, das die Wiederholung des schrecklichen Ereignisses vermeiden helfen soll. Solche zwanghaften Handlungsweisen beeinträchtigen dann unter Umständen die Steuerfunktion des Wachbewußtsein ganz beträchtlich und bedürfen deshalb dringend der therapeutischen Behandlung.

Aber das ist der Extremfall eines inneres Bildes – die Regel sind die Bilder mit weit weniger intensiven, in ihnen gespeicherten Emotionen.

Dieser Bereich des Bewußtseins enthält die gesamten bisherigen Erfahrungen eines Menschen und bildet daher seine Grundlage für die Orientierung in der Welt.

B 3. Tiefschlaf

Dieses Bewußtsein ist in der Regel recht unbekannt. Man kann es vereinfacht in etwa als "Bewußtsein ohne Bewußtseinsinhalt" beschreiben, wobei dies allerdings nur eine Näherung ist – diese innere Stille ist nur der erste Eindruck von dem Tiefschlafbewußtsein, wenn man es bewußt erlebt. Wenn man z.B. mithilfe von Zen-Meditationen in den Zustand der inneren Stille gelangt ist, d.h., daß man aufgehört hat, etwas zu denken, zu fühlen oder innere Bilder zu sehen, dann kommt man wie in eine innere Wärme, ein Gehalten-werden, eine Geborgenheit und ein stilles Lächeln. Diesen Zustand kann man am ehesten in den Gesichtern von guten Buddha-Statuen oder von Bildern von Königen und Göttern aus dem Alten Ägypten finden.

Dieser Zustand ist mit dem Erkennen der eigenen Seele verbunden – die Begegnung mit ihr hat dieselbe Wirkung wie die Stille-Meditation.

Der Traumzustand ist der Bereich, in dessen Mitte das Wachbewußtsein einen begrenzten Bereich erleuchtet, der intensiv wahrgenommen und untersucht wird, und aus dem heraus dann Entscheidungen getroffen werden. Das Traumbewußtsein ist seinerseits wiederum ein Bereich innerhalb des Tiefschlafbewußtseins, in dem alle Erfahrungen gesammelt werden. Das Tiefschlafbewußtsein ist ein wenig so wie die Leinwand, auf das die Bilder des Traumzustandes gemalt werden, die dann von dem hellen Licht des Wachbewußtseins an einzelnen Stellen wie von einer Taschenlampe beleuchtet werden.

B 4. Ekstase

Dieser Bewußtseinszustand ist im allgemeinen nur vom Orgasmus her bekannt. Er ist aber keinesfalls nur ein sexuelles Erlebnis – der sexuelle Orgasmus ist lediglich der einfachste Zugang zu diesem Zustand. Ekstase ist hohe Intensität – das "Feuer der Psyche".

Durch die passenden Meditationen, zu denen vor allem das Kundalini-Yoga gehört, läßt sich zunächst ein langanhaltender "Orgasmus" und schließlich ein mehr oder weniger dauerhafter Ekstasezustand erreichen. Dieser Zustand ist vor allem von einer großen inneren Fülle und Freude und von einem Strahlen gekennzeichnet. Seine Beschreibung findet sich bei fast allen Mystikern, Yogis, Lamas, Sufis und anderen Meditierenden. Er entsteht, wenn man seine eigene Begrenzung nach und nach loslassen kann, ohne dabei das Bewußtsein zu verlieren.

Ein sicherer Weg zu diesem Zustand ist die Hingabe und das Vertrauen in die eigene Seele.

C Rhythmen des Bewußtseins

Diese vier Arten des Bewußtseins wechseln miteinander ab, wodurch ein Rhythmus entsteht. Der typische große Bogen in diesem Rhythmus ist der Wechsel von Wachen und Schlafen. Innerhalb des Schlafes wechseln während einer Nacht ca. je drei Traum- und Tiefschlafphasen miteinander ab. Und während des Wachzustandes wechselt das Wachbewußtsein ab und zu während eines Orgasmus für eine eher recht kurze Zeit in den Ekstasezustand hinüber.

Dabei taucht aus dem Tiefschlaf regelmäßig zunächst der Traumzustand auf; aus dem Traumzustand geht man in das Wachbewußtsein über; und aus dem Wachbewußtsein schließlich in den Ekstasezustand – und von dort wieder hinab in den den Wachzustand, dann weiter in den Traumzustand und von dort schließlich in den Tiefschlaf. Sprünge wie z.B. von der Ekstase gleich in den Traumzustand oder direkte Übergänge vom Wachen in den Tiefschlaf sind eher selten.

Auch jede Bewußtseinsart selber hat ihren eigenen Rhythmus, den man direkt mithilfe eines EEGs messen kann, da jede Bewußtseinsart ihre eigene typische Frequenz hat:

EEG-Frequenzen des Bewußtseins	
2 – 4 Hz	Tiefschlaf
4 – 8 Hz	Traumzustand
8 – 16 Hz	Wachbewußtsein
16 – 32 Hz	Ekstase

Diese Bewußtseinsarten entstehen nach und nach während der Schwangerschaft in dem Embryo. Zuerst gibt es nur das Tiefschlafbewußtsein, ab dem 3. Monat dazu das Traumbewußtsein, ab dem 9 Monat auch das Wachbewußtsein und ab der Geburt schließlich auch den Ekstasezustand. Der Tiefschlafzustand ist also die Wurzel, aus dem heraus zunächst der Traumzustand entsteht, der sich dann zu dem Wachbewußtsein konzentriert, der sich dann schließlich zu dem Ekstasezustand hin steigern kann.

Bei diesen Frequenzen ist es auffällig, daß jeder neu entstehende Zustand die höhere Oktave des vorigen Zustandes ist, d.h. daß er seine Frequenz verdoppelt – so hat z.B. der Wachzustand mit 8-16Hz eine genau doppelt so hohe Frequenz wie der Traumzustand mit 4-8Hz. Aus dem langsamen Schwingen des Tiefschlafes werden schrittweise die immer schnelleren Schwingungen des Träumens, Wachens und der Ekstase.

Diese Entwicklung beginnt mit dem Tiefschlafbewußtsein, da dieses Bewußtsein der Seele entspricht, also dem, was die Inkarnation eines Menschen vor seiner Zeugung beschlossen hat.

D Chakren - Organe des Bewußtseins

Das Bewußtsein hat seine eigenen Organe – nicht nur das Gehirn, sondern auch Strukturen in der Lebenskraft des Körpers. Diese Strukturen werden im allgemeinen Chakren genannt. Wie vor allem durch die Erfahrungen der Yogis bekannt ist, gehört jedes Chakra zu einem bestimmten Bewußtseinszustand.

Das Zentrum ist das Herzchakra, das dem Tiefschlaf entspricht. Es befindet sich in der Mitte der Brust. Dieses Chakra ist das erste, was den EEG-Messungen zufolge im Embryo aktiv ist, und es ist das Zentrum der Persönlichkeit. Daher wird das Herzchakra in fast allen spirituellen Traditionen als der Sitz der eigenen Seele beschrieben.

Die erste Ausdehnung bzw. die erste höhere Oktave des Tiefschlafes ist der Traumzustand, dessen Lebenskraft-Organe daher die beiden Chakren oberhalb und unterhalb des Herzchakras sind. Die drei Chakren oberhalb des Herzchakras sind nach außen hin orientiert, während die drei Chakren unterhalb des Herzchakras auf den Körper bezogen sind.

Das Halschakra oberhalb des Herzchakras und das Sonnengeflecht unterhalb des Herzchakras (kurz unter dem Rippenansatz) sind die beiden Chakren, die dem Traumzustand und somit den Gefühlen entsprechen. Das Sonnengeflecht ist im Idealfall der ungehinderte körperliche Selbstausdruck und das Halschakra der ungehinderte soziale Selbstausdruck. So wie sich in den Träumen und in den Bildern des Unterbewußtseins ganz allgemein die eigenen bewußten oder unbewußten Impulse und Antriebe befinden, so finden sich auch in diesen beiden Chakren die eigenen konkreten Antriebe wieder.

Die nächsthöhere Oktave zu den beiden Chakren der inneren Bilder und Motivationen des Traumbewußtseins sind die beiden Chakren des Wachbewußtseins, die sich im Dritten Auge (zwischen den Augenbrauen) und im Hara (vier Finger breit unterhalb des Nabels) befinden.

Auf die Impulse, die von dem Halschakra und dem Sonnengeflecht ausgehen, folgt nun das Auftreffen dieser Impulse auf die konkrete Welt, wodurch nun sozusagen am Rand der Persönlichkeit konkrete Formen entstehen, die den Gegensatz und das Zusammenspiel zwischen den eigenen Impulsen und den Gegebenheiten der Umwelt darstellen. Dadurch entsteht im Dritten Auge nach außen hin gerichtet die Orientierung und im Hara nach innen hin gerichtet der eigene Standpunkt – die zusammen die beiden Aspekte des Wachbewußtseins sind: von einem klaren inneren Standpunkt aus in die Welt hinaus blicken.

Als letztes entsteht schließlich der Ekstasezustand in den beiden äußeren

Chakren, die die höhere Oktave des Wachzustandes sind. Der körperliche Pol dieses Bewußtseins befindet sich in dem Wurzelchakra zwischen Genitalien und After und ist vor allem durch den Orgasmus bekannt. Der nach außen gerichtete Pol dieses Bewußtseins befindet sich im Scheitelchakra oben auf der Mitte des Kopfes. Dieses Bewußtsein ist vor allem durch die Darstellungen des Heiligenscheines bekannt, der die Verbindung der betreffenden Person zu Gott oder allgemein zu dem Ganzen symbolisiert. Das erwachte Scheitelchakra wird hellsichtig als ein Leuchten wahrgenommen, das in etwa wie ein Heiligenschein aussieht.

Diese sieben Chakren bilden bei vielen Meditationen den Rahmen oder die Landkarte, auf der man sich bewegt. Die Qualitäten der Chakren sind symmetrisch und als logische Folge um das Herzchakra herum nach beiden Seiten hin aufgebaut.

Die Chakren			
Chakra	**Bewußtsein**	**Frequenz**	**Qualität**
Scheitelchakra	Ekstase	16 – 32 Hz	Erleuchtung
Drittes Auge	Wachbewußtsein	8 – 16 Hz	wache Orientierung
Halschakra	Traumbewußtsein	4 – 8 Hz	soziale Impulse
Herzchakra	Tiefschlaf	2 – 4 Hz	Seele
Sonnengeflecht	Traumbewußtsein	4 – 8 Hz	körperliche Impulse
Hara	Wachbewußtsein	8 – 16 Hz	wacher Standpunkt
Wurzelchakra	Ekstase	16 – 32 Hz	Orgasmus

E Bewußtseinsschwellen

Im Normalfall hat das eigene Wachbewußtsein klare Grenzen, die es auf die gerade aktuelle Situation beschränken. Genaugenommen ist allerdings nicht das Bewußtsein selber, sondern die Inhalte des Bewußtseins eingeschränkt. Diese Auswahl von Bewußtseinsinhalten ist notwendig, damit das Bewußtsein nicht von Informationen überflutet wird und durch einen "Input-Overkill" zusammenbricht und funktionsunfähig wird.

Im Unterbewußtsein befinden sich alle Erinnerungen dieses Lebens sowie alle aktuellen Sinneswahrnehmungen einer jeder Nervenzelle des gesamten Körpers. Das Unterbewußtsein wählt nun nach Intensität und Qualität der Wahrnehmungen und Erinnerungen diejenigen aus, die am dringendsten bearbeitet werden müssen, und sendet diese dann in das Wachbewußtsein zur genaueren Analyse, Verarbeitung und Beschlußfassung.

In derselben Weise gibt es ab und zu einzelne Wahrnehmungen innerhalb des Wachbewußtseins, die besonders interessant sind, woraufhin sich das gesamte Bewußtsein auf diesen einen Bewußtseinsinhalt konzentriert, sodaß das Wachbewußtsein schließlich den Sprung in die nächsthöhere Oktave gelingt und eine Ekstase entsteht – in der Regel durch ein sexuelles Erlebnis ausgelöst. Hier zeigt sich deutlich, daß die Ekstase vor allem ein Konzentrationsvorgang ist, was verständlich macht, daß so viele Meditationen Konzentrationsvorgänge enthalten.

Man kann nun vermuten, daß auch das Tiefschlafbewußtsein und das Traumbewußtsein in dieser Weise zusammenhängen: Das Tiefschlafbewußtsein enthält noch umfassendere Informationen, die der Seele entsprechend die Bewußtheit über alle Inkarnationen hinweg enthält. Aus dieser noch umfassenderen Fülle an Bewußtseinsinhalten entsteht dann als "Spezialisierung" und Begrenzung auf das aktuelle Leben das Traumbewußtsein.

Somit unterscheiden sich die vier Bewußtseinsarten nicht nur in ihrer Frequenz, sondern auch in Bezug auf die Bewußtseinsinhalte, die durch sie erfaßt und koordiniert werden.

Die Bewußtseinsinhalte der vier Bewußtseinsarten		
Bewußtseinsart	Frequenz	Bewußtseinsinhalt
Tiefschlaf	2 – 4 Hz	alle Inkarnationen
Traumbewußtsein	4 – 8 Hz	das gesamte derzeitige Leben
Wachbewußtsein	8 – 16 Hz	die aktuelle Situation
Ekstase	16 – 32 Hz	ein einziges Ding

Die Erlebnisse der Mystiker, Yogis, Sufis, Lamas und anderer Meditierender zeigen, daß es noch zwei weitere Bewußtseinsarten gibt: das Bewußtsein der Gottheiten, das ein abgrenzungsloses Kontinuum des Bewußtseins ist, und schließlich das Bewußtsein, das alles umfaßt, also das Gottesbewußtsein.

Durch diese beiden Bewußtseinsformen erscheint das Tiefschlafbewußtsein zunächst als Sonderfall des Bewußtseins einer Gottheit, und in einem zweiten Schritt wird schließlich das Bewußtsein einer Gottheit wiederum als Sonderfall des einen, alles umfassenden Bewußtseins deutlich.

Man kann vermuten, daß sich auch bei diesen beiden Schritten die Frequenz des Bewußtseins halbiert – auch wenn sich dies leider nicht mehr mithilfe eines EEGs messen läßt, denn wie sollte man das EEG einer Gottheit messen?

Eine solche Folge von auseinander entstehenden Stufen, bei denen sich die Frequenz halbiert bzw. verdoppelt, gibt es auch in der Kernphysik, in der die drei grundsätzlich verschiedenen und auseinander entstehenden Bestandteile unserer Welt, also die Gravitonen, die Energiequanten und die Elementarteilchen einen sich jeweils verdoppelnden Spin (Rotation) haben. Die Oktavenbildung scheint also ein allgemeines Prinzip bei der Entstehung grundlegend neuer Qualitäten in unserer Welt zu sein.

Die oben angeführte Liste der Bewußtseinsarten läßt sich daher noch um zwei Spalten ergänzen.

sechs Bewußtseinsarten		
Bewußtseinsart	**Frequenz**	**Bewußtseinsinhalt**
Gottesbewußtsein	½ – 1 Hz	alles
Gottheitenbewußtsein	1 – 2 Hz	eine Grundqualität
Tiefschlaf	2 – 4 Hz	alle Inkarnationen
Traumbewußtseins	4 – 8 Hz	das gesamte derzeitige Leben
Wachbewußtsein	8 – 16 Hz	die aktuelle Situation
Ekstase	16 – 32 Hz	ein einziges Ding

Die Art und Menge der koordinierten Informationen bildet die natürliche Grenze einer jeden Art von Bewußtsein. Daneben gibt es aber auch noch eine Art von Bewußtseinsschwelle, die sich innerhalb einer jeden Bewußtseinsart befindet.

Wenn man zwei Bewußtseinsinhalte in sich hat, die beide sehr heftig sind, kann es sein, daß man sich ihrer nicht gleichzeitig bewußt sein kann. Oder man hatte ein so heftiges Erlebnis, daß die Gefühle in der betreffenden Erinnerung so heftig sind, daß sie von dem Wachbewußtsein nicht koordiniert und verarbeitet werden können und folglich unbewußt bleiben müssen. Wenn sie doch einmal an die Oberfläche kommen, kann es sein, daß der Betreffende einfach ohnmächtig wird, d.h. daß sich sein Wachbewußtsein einfach abschaltet bzw. daß es einfach zerfällt und auf die nächstuntere Ebene ins Unterbewußtsein zurückkehrt.

Dieser Vorgang ist im Prinzip derselbe wie der, der stattfindet, wenn man kurz vorm Orgasmus durch irgendetwas gestört wird und dann keine sexuelle Ekstase stattfindet – das Bewußtsein kehrt von seinem Ausflug in die höhere Frequenz der Ekstase vorzeitig wieder in das normale Wachbewußtsein zurück.

In derselben Weise kann eine Störung, d.h. die heftigen, unverarbeiteten Gefühle im Traumbewußtsein (z.B. bei einem Trauma) das Bewußtsein von der Ebene des Wachens auf die Ebene der Träume zurückholen – was im Außen dann als Ohnmachtsanfall erscheint.

Bei Störungen und bei zu heftigen Ereignissen löst sich die jeweils höhere Oktave des Bewußtseins in die nächstuntere auf: Die Ekstase in das Wachbewußtsein, dieses dann in das Traumbewußtsein und dieses schließlich in den Tiefschlaf.

Dieselbe Folge der Auflösung der vier Bewußtseinsarten findet sich auch beim Tod wieder. Dieser Vorgang wird am ausführlichsten und am detailliertesten im tibetischen Totenbuch beschrieben: Erst endet die Ekstase (meist schon eine Weile vor dem Tod), dann endet das Wachbewußtsein und schließlich endet das Traumbewußtsein, sodaß nur noch das Tiefschlafbewußtsein der Seele übrigbleibt – bis sich die Seele zu einer neuen Inkarnation entschließt.

Die Bewußtseinsschwellen im normalen Wachbewußtsein, die dadurch entstehen, daß man bestimmte im Unterbewußtsein gespeicherte Erinnerungen nicht in das Wachbewußtsein aufsteigen lassen kann, ohne daß sich das Wachbewußtsein aufgrund seiner Überforderung selber (vorübergehend) auflöst, begrenzen die "Reichweite" des Bewußtseins. Solche verdrängten, unbewußten Erinnerungen und die mit ihnen verbundenen Gefühle behindern wie Mauern die Sicht des Bewußtseins.

Durch Therapien (in den heftigen Fällen durch Traumatherapien) und durch Meditationen können diese heftigen Bewußtseinsinhalte nach und nach wieder zugelassen und dadurch wieder in das Wachbewußtsein integriert werden – wodurch sich der Wahrnehmungsradius des Wachbewußtseins deutlich ausdehnt.

Hier sollte man ein wichtiges methodisches Prinzip beachten, das sowohl die Therapie als auch die Meditation betrifft: Verdrängte Bewußtseinsinhalte können nur dann integriert werden, wenn man langsam und freundlich vorgeht und immer darauf achtet, daß man einen sicheren Standpunkt behält, an den man immer wieder zurückkehren kann.

Es geht bei der Meditation also nicht um Gewaltmärsche in den inneren Dschungel, sondern um ein allmähliches Vorantasten, bei dem man sich für jeden Schritt genügend Zeit läßt und sich das im eigenen Inneren neu Entdeckte mit festem Stand und mit einem (zunächst vielleicht noch zaghaftem) freundlichen "Willkommen daheim!" begrüßt.

Meditieren ist wie Wachsen – langsam, organisch, allmählich vom Keim über den Stengel zur Knospe, zur Blüte und schließlich zur Frucht.

F Vereinigung von Bewußtseinszuständen

Das eigentliche Wesen der Meditation besteht darin, das Wachbewußtsein allmählich auszudehen - zum einen durch das Wiederintegrieren heftiger Erinnerungen und zum anderen durch die Vereinigung des Wachbewußtwseins mit einem der anderen Bewußtseinszustände. Dabei ist die Vereinigung des Wachbewußtseins mit den anderen drei Bewußtseinszuständen das eigentliche Ziel, das aber nur erreicht werden kann, wenn zunächst die verdrängten Bewußtseinsinhalte wieder integriert werden.

Dieser zweite Vorgang macht einen Großteil der Erlebnisse bei der Meditation aus. Er wird je nach Tradition als Versuchung durch den Teufel, als psychische Krise, als Tod der Psyche, als Schwarze Nacht der Seele usw. beschrieben. Trotz dieser fürchterlichen Namen, die durchaus ihre Berechtigung haben, da die Begegnung mit den verdrängten Bewußtseinsinhalten ein heftiges Erlebnis ist, ist die Meditation nicht eine Wanderung durch einen finsteren Dschungel voller Ungeheuer. In der Meditation erlebt man sein eigenes allmählich Wieder-heil-werden, wozu eben auch gehört, daß man allem, was man in sich trägt, begegnet und es nach und nach in Freundlichkeit annimmt – wodurch es sich dann wieder von etwas Furchterregendem in etwas Lebendigkeitsförderndes verwandeln kann.

Bei dieser Bewußtseinserweiterung ist das Wachbewußtsein in aller Regel der Ausgangspunkt für diese Weitung, da dies eben ein bewußter Entschluß ist. Man kann sich diesen Vorgang wie eine "musikalische" Koordination zwischen den beiden Bewußtseinszuständen, die man vereinen will, vorstellen. Da die verschiedenen Bewußtseinszustände Oktaven voneinander sind, kann man sie wie Takte ineinanderfügen. So passen z.B. 2 Takte des Wachbewußtseins in einen Takt des Traumzustandes, da zwei Schwingungen (EEG) des Wachbewußtseins genau in eine Schwingung des Traumbewußtseins passen – weil sie eben nur halb so lang sind.

Auf diese Weise lassen sich alle vier Bewußtseinsarten miteinander koordinieren. Man muß dafür sozusagen in seinem eigenen Bewußtsein z.B. den Takt des Wachbewußtseins auf den Takt des Traumbewußtseins abstimmen – so wie zwei Trommler, von denen einer einen 3/4-Takt und der andere einen doppelt so schnellen 6/8-Takt spielt. Wenn beide ihre Takte gleichzeitig beginnen, passen die Trommelschläge perfekt zusammen.

In der folgenden Übersicht sind die "Wellenlängen" der verschiedenen Bewußtseinsarten dargestellt – einmal unkoordiniert wie beim normalen Bewußtsein und einmal wie in tiefer Meditation vollkommen koordiniert.

Eine doppelt so hohe Frequenz entspricht einer halb so langen Wellenlänge – ein doppelt so hoher Ton hat eine doppelt so hohe Frequenz und eine halb so lange Wellenlänge.

Koordination der Bewußtseinsrhythmen												
unkoordinierte Wellen/Rhythmus (Normalbewußtsein)												
Tiefschlaf												
Traumbewußtseins												
Wachbewußtsein												
Ekstase												
koordinierte Wellen/Rhythmus (Meditation)												
Tiefschlaf												
Traumbewußtseins												
Wachbewußtsein												
Ekstase												

F 1. Vereinigung von zwei Bewußtseinszuständen

Das Ziel der Meditation ist es letztlich, alle vier bzw. sechs Bewußtseinszustände miteinander zu vereinigen. Doch auch hier ist das allmähliche Vorgehen (und auch das Genießen des Weges) die sinnvolle Einstellung. Daher beginnt man zunächst damit, das eigene Wachbewußtsein mit jeweils nur einem der anderen drei Bewußtseinszuständen zu verbinden.

Eine große Hilfe dabei ist es, wenn man schon durch Meditationen oder andere Dinge darin geübt ist, sich längere Zeit auf etwas zu konzentrieren, und sich dadurch das Wachbewußtsein ein wenig geklärt hat. Ein anderer Aspekt des heilen Wachbewußtseins ist die Fähigkeit, im Hier und Jetzt zu verweilen und zu sehen, was hier jetzt gerade geschieht – innen und außen.

... einfach dasitzen und schauen, sich selber fühlen, wahrnehmen, was um einen herum geschieht, weiter still verweilen, die Gedanken zur Ruhe kommen lassen, einfach da sein und sich des eigenen "Da-seins" bewußt bleiben ...

Diese Meditation klingt sehr schlicht, aber sie ist wesentlich. Und letztlich sind alle wesentlichen Dinge sehr schlicht.

Die Integration eines weiteren Bewußtseinszustandes in den Wachzustand geschieht entweder durch Konzentration oder durch Entspannung – weshalb die entspannte Konzentration die treffendste Beschreibung für den meditativen Zustand ist.

Durch die Entspannung lösen sich die Strukturen in die nächsttiefere Bewußtseinsform hinein auf bzw. gleichen sich dem Rhythmus der nächsttiefern Bewußtseinsstufe an, wodurch dann als erstes der Traumbereich und danach der Tiefschlafbereich bewußt werden. Um zu dem Ekstasezustand zu gelangen, ist hingegen die Bündelung des Bewußtseins auf einen einzigen Gegenstand notwendig.

Da Bewußtsein auch Rhythmus ist, finden sich unter den verschiedenen Meditationsmethoden auch viele rhythmische Methoden, die sich z.B. auf den Atem beziehen oder ständige wiederholte Worte (Mantras) benutzen. Durch den rhythmischen Charakter der Meditation wird die Wirkung der Konzentration auf das Bewußtsein erleichtert – ein bereits rhythmisch geordnetes Wachbewußtsein fügt sich leichter in den langsameren Rhythmus des Traumbewußtseins oder des Tiefschlafes ein.

Man kann die beiden grundlegenden Meditationsmethoden, also Konzentration und Entspannung, den Integrations- bzw. Erschaffungsrichtungen innerhalb der vier Bewußtseinsarten zuordnen:

Die beiden grundlegenden Meditationsmethoden			
Tiefschlaf	**Traum**	**Wachen**	**Ekstase**
2-4Hz	4-8Hz	8-16Hz	16-32Hz
< ==== Entspannung ======			
===== Konzentration ====>			

F 1. a) Wachen und Traum

Diese Verbindung ist in aller Regel die erste, die in der Meditation hergestellt wird, nachdem man eine Zeitlang geübt hat, in gespannter Aufmerksamkeit auf einen einzelnen Gegenstand zu verweilen und im Hier und Jetzt zu bleiben.

Durch das Üben der Konzentration kann das Abschweifen des Wachbewußtseins in die Bilderwelt des Unterbewußtseins zunächst bewußter werden und dann auch willentlich angestrebt oder vermieden werden. Der Zweck der Konzentration ist nicht, die inneren Bilder abzulehnen, sondern in sich ein klares Zentrum, eben das Wachbewußtsein, zu erschaffen, in dem man für seine Ausflüge in die anderen Bereiche seines Bewußtseins dann einen festen Halt hat.

Oft wird das Wachbewußtsein von den Bildern des Unterbewußtseins überschwemmt, wodurch man dann in loser Folge und nur halb bewußt mit seiner Aufmerksamkeit von einem Gegenstand zum nächsten springt. Eine ausgeprägte Form dieser nur halbbewußten Verbindung von Wach- und Traumbewußtsein ist der Tagtraum.

Extremere Formen der Beeinflussung bzw. Beeinträchtigung des Wachbewußtseins sind die Angst und die Sucht, die beide das Wachbewußtsein ganz auf einen einzigen Gegenstand fixieren, wodurch das Wachbewußtsein seinen "Rundumblick" verliert, der notwendig ist, um klare und sinnvolle Entscheidungen treffen zu können. Wenn solche Gefühle, die man als „negative Ekstase" bezeichnen könnte, in der Meditation heftiger werden, kann es sinnvoll sein, sich mithilfe einer Therapie intensiver um sie zu kümmern.

Der bewußte Zugang zu dem Traumbewußtsein, also die Verbindung von Wach- und Traumbewußtsein, ist nichts Exotisches, da man es ständig erlebt: Tagträume, Eingebungen, plötzliche Erinnerungen, Déja-vu-Erlebnisse und das Erwachen am Morgen aus einem Traum heraus, bei dem noch ein paar Sekunden bei vollem Bewußtsein dem "inneren Film" zuschauen kann.

Die effektivste Verbindung zwischen Wach- und Traumbewußtsein wird meistens Traumreise oder auch schamanische Reise oder Trancereise genannt. Sie besteht im Grunde lediglich darin, daß man seine Augen schließt, sich auf ein bestimmtes Thema konzentriert und dann schaut, welche inneren Eindrücke auftauchen. Dabei kann es hilfreich sein, wenn man sich zu Beginn der Traumreise vorstellt, daß man durch eine Tür tritt, auf der ein Symbol oder ein Wort geschrieben steht, das das ausgewählte Thema bezeichnet.

Zunächst wird man sich in aller Regel fragen, ob die wahrgenommenen Bilder Einbildungen, Phantasien, Erinnerungen, "ausgedacht" usw. sind. In dieser Phase

27

ist es sinnvoll, wie ein guter Experimentator erst einmal die Daten, d.h. hier die Bilder zu sammeln und dann anschließend nach dem Ende des "Traumreise-Experimentes" zu untersuchen, was man von den Bildern halten soll.

Es gibt viele Methoden, die das Traumreisen erleichtern bzw. die Klarheit in ihnen fördern, aber sie alle zu beschreiben würde ein eigenes Buch füllen. Das wichtigste Hilfsmittel ist es, solche Traumreisen zu zweit zu unternehmen, wobei der Traumreisende dem neben ihm sitzenden Begleiter erzählt, was er erlebt und der Begleiter ab und zu nachfragt, was gerade vor sich geht – dies erleichtert sehr stark die Konzentration des Traumreisenden und fördert dadurch auch die Lebendigkeit der Bilder. Ein zweites wichtiges Hilfsmittel ist der "rote Faden", den man sich in der Traumreise herbeizaubern kann und dessen eines Ende man dann festhält und das Knäuel dann bittet, dorthin zu rollen, wo das Wichtigste zu finden ist ... und dann einfach dem roten Faden folgt.

Es ist hilfreich, wenn man zumindest am Anfang seiner Übungen die Bilder der eigenen Traumreisen aufschreibt und daneben auch ein Traumtagebuch führt, um die eigene innere Bilderwelt besser kennenzulernen. Um diese inneren Bilder zu verstehen, hilft es oft, sie einfach ernst zu nehmen, also davon auszugehen, daß sie die klarste und bestmögliche Weise sind, eine bestimmte Information auf bildhafte Weise auszudrücken. Diese Bildersprache der Träume, Märchen und Mythen versteht man bisweilen auch besser, wenn man sich überlegt, welches Bild denn sonst noch hätte auftreten können – z.B. eine grüne Weise statt einer Wüste. Auch das Erlernen dieser Bildersprache braucht seine Zeit ...

Man kann sich Traumreisen in technischer Hinsicht so vorstellen, daß der eigene Sehsinn zum Monitor für den unbewußt wahrgenommenen Lebenskraftbereich (Traumbewußtsein) wird und alle Informationen dabei in optische Bilder übersetzt werden. Eine anderer Monitor dieser Art ist z.B. ein Pendel, bei dem die unbewußt wahrgenommenen Informationen durch die Armmuskulatur in die Bewegungen des Pendels übersetzt werden.

Das aktive Gegenstück zur Traumreise, die die bewußte Wahrnehmung im Traumbereich fördert, ist die Imagination, die die bewußte Handlungsfähigkeit im Traumbereich ermöglicht. Dabei stellt man sich innerlich oder auch mit geöffneten Augen ein Symbol (Kreuz, Pentagramm, Kreis ...) oder einen konkreten Gegenstand (Baum, Apfel, Mensch ...) möglichst lebendig vor. Diese Fähigkeit wird in fast allen Ritualen und Zeremonien gebraucht.

Da der Traumbereich auch der Bereich der Lebenskraft ist, wird die Imagination auch benötigt, um effektiv Telepathie, Telekinese, Heilungen, Übertragungen von Lebenskraft (Reiki) u.ä. durchzuführen. Durch Traumreisen sieht man die bereits vorhandenen Formen der Lebenskraft und durch die Imagination erschafft man neue Formen von Lebenskraft.

Die Traumreisen führen schließlich zu den passiven magischen Fähigkeiten wie Hellsehen, Auralesen, Vorhersehen der Zukunft und ähnlichem; und die Imagination führt schließlich zu den aktiven magischen Fähigkeiten wie dem Herbeirufen von Ereignissen, dem Verändern von Situationen, energetischem Feng-Shui, Heilungen und ähnlichem.

Ein wichtiges Hilfsmittel bei der bewußten Prägung der Lebenskraft ist das Mantra. Dies ist ein Wort oder ein kurzer Satz, der das angestrebte Ziel ausdrückt und den man innerlich bei jedem Ein- und Ausatmen wiederholt. Solche Mantren erleichtern auch deutlich die Konzentration – insbesondere wenn sie mit einer Imagination verbunden sind wie z.B. einem Leuchten in dem dem Ziel entsprechenden Chakra.

Wenn man z.B. zum Erlangen von Standfestigkeit das Mantra "Ganesha – standfest" wählt, dann würde man sich das eigene Hara als leuchtend vorstellen, da dieses Chakra für die eigene Standfestigkeit zuständig ist – wobei dies eine bewegliche, schwingende, tanzende, elastische Standfestigkeit ist und keine starre Festigkeit. Ganesha ist der indische Elefantengott und hat unter anderem die Qualität der Standfestigkeit, weshalb man seinen Namen innerlich beim Einatmen (= Beistand in sich hineinrufen) sprechen und sich seine leuchtende Gestalt im eigenen Hara vorstellen könnte, während man beim Ausatmen (= Schöpfungsvorgang nach außen) innerlich "standfest" sprechen würde, wobei dann die Gestalt Ganeshas noch einmal stärker aufleuchtet.

Eine wichtige Methode der Verbindung von Wachbewußtsein und Traumbewußtsein ist die körperliche Entspannung. Dabei können verschiedenen Phänomene in einer festen Reihenfolge auftreten:

1. Schwere im Körper
2. Wärme im Körper
3. Vibrieren im Körper
4. vermeintliche heftige Bewegungen von einzelnen Körperteilen
5. Astralreise

Die auftretende Schwere ist keine Müdigkeit, sondern die Verschiebung der Aufmerksamkeit auf die eigene Lebenskraft, die sich im ganzen eigenen Körper befindet.

Die Wärme ist ebenfalls die Wahrnehmung der Lebenskraft, die fast immer als

Wärme oder Hitze erlebt wird. Aus diesem Grund wird die Lebenskraft z.B. in Westafrika "Lebensfeuer" genannt und aus demselben Grund wird die Kundalini, also die Lebenskraft im eigenen Körper, im Yoga meistens als "Schlangenfeuer" bezeichnet – aus demselben Grund können auch die abendländischen Drachen Feuer speien (Drache: von griechisch "drakon" = Schlange).

Das Vibrieren ist ebenfalls eine Qualität der Lebenskraft, die auch durch die EEG-Messungen festgestellt werden kann. Da die Lebenskraft normalerweise unbewußt ist und somit dem Traumbewußtsein entspricht, hat dieses Vibrieren auch eine Frequenz von ca. 6Hz, also dem mittleren Wert des Frequenzbereiches des Traum-EEGs (4-8Hz).

Mit einiger Übung kann man in diesem Vibrieren auch das verschieden schnelle Vibrieren der einzelnen Chakren unterscheiden, die ebenfalls die Frequenzen der ihnen entsprechenden Bewußtseinszustände haben, die sich durch das EGG messen lassen. Die 6Hz-Frequenz findet sich in vielen Funktionen des Körpers wieder wie z.B. in der Frequenz des natürlichen Vibratos der Stimme.

Schwingungsfrequenzen des Lebenskraftkörpers und der Chakren		
Lebenskraftbereich	**Vibration (Frequenz)**	**Bewußtsein**
Lebenskraftkörper	4-8Hz	Traumbewußtsein
Scheitelchakra	16-32Hz	Ekstase
Drittes Auge	8-16Hz	Wachbewußtsein
Halschakra	4-8Hz	Traumbewußtsein
Herzchakra	2-4Hz	Tiefschlaf
Sonnengeflecht	4-8Hz	Traumbewußtsein
Hara	8-16Hz	Wachbewußtsein
Wurzelchakra	16-32Hz	Ekstase

Die vermeintlichen heftigen Bewegungen des eigenen Körpers bei der tiefen Entspannung sind in Wirklichkeit die Bewegungen des Lebenskraftkörpers, der nun zusehends unabhängig vom materiellen Körper wahrnehmbar wird. Dies ist anfangs ein recht merkwürdiges Erlebnis, weil man dabei z.B. erleben kann, wie sich der rechte Arm kurz und heftig nach links hin durch den Körper und wieder zurück bewegt – was anatomisch ja völlig unmöglich ist.

Schließlich löst sich dann der Lebenskraftkörper, der oft auch Astralkörper genannt wird, aus dem materiellen Körper heraus und schwebt über ihm, sodaß man dann von oben her seinen materiellen Körper unter sich liegen sehen kann. Spätestens durch das Erlebnis der Astralreise wird die Existenz des Traumbewußtseins, der Lebenskraft und des eigenen Lebenskraftkörpers unzweifelhaft real.

Mit der Astralreise ist die Fähigkeit des Wachtraums eng verwandt. Dabei ist man während des Träumens bei vollem Wachbewußtsein. Während man bei der Traumreise vom Wachzustand aus das Traumbewußtsein hinzunimmt, erwacht man beim Wachtraum während des Träumens zu vollem Bewußtsein – das Ergebnis ist letztlich dasselbe.

Der Unterschied dieser beiden Formen der Integration von Wachbewußtsein und Traumbewußtsein zu der Form der Astralreise ist, daß man sich bei der Traumreise im Inneren der eigenen Bilderwelt befindet, und bei der Astralreise im außen. Bei der Traumreise ist der Blick wie bei der Meditation nach innen gerichtet und bei der Astralreise wie im normalen Alltag nach außen.

Dabei reicht der "Blick" sowohl in der Traumreise als auch bei der Astralreise weiter als normalerweise, da das Bewußtsein im Bereich der Lebenskraft auch telepathisch wahrnimmt – die Telepathie und die Telekinese sind die normale Wahrnehmungs- und Handlungsweise des Bewußtseins im Bereich der Lebenskraft, also des eigenen Lebenskraftkörpers und somit des Traumbewußtseins.

Das beiden prägnantesten Bilder für die Fähigkeit, wachbewußt mit der eigenen Lebenskraft umzugehen, sind der chinesische Drache und der Hermesstab (caduceus).

Der chinesische Drache stellt die Lebenskraft dar. Vor ihm oder in einer seiner Klauen befindet sich die Wunschperle, der der Drache stets folgt. Diese Perle ist die eigenen Bilder, Absichten und Ziele, die sich im Dritten Auge befinden – die Lebenskraft folgt den Vorstellungen, was unter anderem bei den Imaginationen genutzt wird.

Der Hermesstab besteht aus einem Stab, an dem sich zwei Schlangen, also die Lebenskraft, emporringeln, und an dem sich oben eine Flügelsonne befindet, die ebenfalls ein Symbol des Wachbewußtseins im Dritten Auge ist, das oft als Kreis mit zwei Flügeln bzw. Blütenblättern dargestellt wird.

F 1. b) Wachen und Tiefschlaf

Der Integration von Wachbewußtsein und Tiefschlafbewußtsein kann man sich am besten dadurch annähern, daß man gar nichts tut ... sich hinsetzen und schweigen, einfach da-sein ... schauen, was geschieht, was auftaucht – und immer wieder ins Hier und Jetzt zurückkehren ... die Gedanken still werden lassen, die Gefühle ruhig werden lassen, die inneren Bilder verblassen lassen ... bis man schließlich einfach Gewahrsein wird, Aufmerksamkeit, Achtsamkeit, ein "sich seiner selber bewußt sein" ...

Dieser Zustand ist dann wie ein leeres Bewußtsein, das sich selber anschaut. Wenn man länger in diesem Bewußtseinszustand bleibt, können merkwürdige Phänomene auftreten wie z.B. die direkte Wahrnehmung eines anderen Bewußtseins ohne daß dabei Gedanken, Gefühle oder Bilder beteiligt wären.

Wenn es gelingt, in den Zustand der Stille zu gelangen, ist dies wie das Ruhen in einer Mulde auf einem Gipfel nach einem längeren Anstieg einen Hügel hinauf: Es bedarf des Willens, um auf die Hügelkuppe zu gelangen, aber dann geht man über eine Schwelle und kann "sich in die Mulde legen". Um von dort wieder zum Denken und zur Geschäftigkeit zurückzukehren, ist dann ebenfalls ein kleiner Entschluß notwendig, da sich dieser Schweigen-Tiefschlaf-Zustand selber stabilisiert.

Wenn man eine Weile in diesem Zustand verharrt, entsteht im eigenen Inneren eine grundlose Freude, die von allen Meditierenden beschrieben wird und die ein großer Ansporn zum Weitermeditieren ist.

Diese Freude kann durch ganz unterschiedliche Meditationen entstehen: durch Mantra-Meditationen, durch das innere Schweigen, durch die Liebe zu einer Gottheit oder zu der eigenen Seele und noch durch etliche andere Meditationen ...

Technisch gesehen, kommt es nur darauf an, daß sich das Wachbewußtsein in den Rhythmus des Tiefschlafbewußtseins einfügt: das Mantra baut einen Rhythmus auf, das Schweigen läßt dem Tiefschlaf-Rhythmus Raum, und die Liebe zu einer Gottheit ist die Hingabe an das Größere und Umfassendere und öffnet somit der langsameren Frequenz des Tiefschlafbewußtseins das Tor.

... und die Wiederintegration des Wachbewußtseins in das Tiefschlafbewußtsein ist Freude, denn Freude ist nichts anderes, als die Verbindung mit etwas, von dem man vorher getrennt war, ein gemeinsames Schwingen, eine Integration, ein Wiederfinden von Harmonie und Ganzheit ...

F 1. c) Wachen und Ekstase

Das bekannteste Beispiel für diese Verbindung ist der Orgasmus. Dabei ist man ganz auf eine einzige Wahrnehmung konzentriert, von der man daher auch ganz ausgefüllt wird. Durch die Konzentration auf einen einzigen Gegenstand kann dieser Zustand auch unabhängig von der Sexualität erlebt werden.

Die Ekstase wird vor allem als Hitze und als Vibrieren erlebt, weshalb diese Art von Erlebnissen oft als Feuer beschrieben wird. Die bekannteste Form dieser meditativ hervorgerufenen Ekstasen ist die Kundalinimeditation, bei der das unterste Chakra geweckt wird, was man dann als eine sich langsam windende und vibrierende Hitze erlebt. Ein solches Erlebnis findet sich in jedem der sieben Chakren und auch in den verschiedenen Nebenchakren z.B. in Händen, Füßen, Gaumen oder dem Wunschbaum-Chakra am unteren Rippenansatz.

Die verschiedenen Hitze-Empfindungen in den Chakren haben alle ihren ganz eigenen Charakter:

Empfindungen in den Chakren	
Chakra	**Empfindung**
Scheitelchakra	Leuchten, Öffnen, Weiten, Aufblättern
Drittes Auge	pulsierendes Drehen, nach vorne strahlen
Halschakra	pulsierende, sich nach außen weitende "Licht-Wärme"
Herzchakra	liebevolle Wärme, erglühen, leuchten, weiten
Sonnengeflecht	„glitzerndes" Prickeln, das sich in den ganzen Körper ausweitet
Hara	rotierende, schwere Glut, die den ganzen Körper wärmt
Wurzelchakra	langsam sich windende Glut, "Feuerschlange"

Das Erwachen der Kundalini führt dazu, daß das Feuer im untersten Chakra auch das Feuer im Hara anregt, dieses dann das Prickeln im Sonnengeflecht usw. bis hinauf zum Scheitelchakra. Dieser Vorgang, der "Aufsteigen der Kundalini" genannt wird, zieht sich in der Regel über einen längeren Zeitraum hin, da durch das Erwecken der Chakren diese Chakren eben wachbewußt werden, d.h. daß auch alle Erinnerungen, Ängste, Süchte und sonstige Gefühle in diesen Chakren bewußt werden – und erst einmal nach und nach verarbeitet und integriert werden müssen, bevor das Feuer, d.h. das Wachbewußtsein noch weiter aufsteigen kann.

Die Hitze der Kundalini ist dieselbe Hitze, die man auch bei Entspannungsübungen wahrnehmen kann. Diese Hitze ist die Lebenskraft selber, die man wachbewußt erlebt. Dadurch wird nicht nur die Lebenskraft selber, sondern auch die Bilder und Erinnerung in ihr voll bewußt, weshalb das Aufsteigen der Kundalini die gründlichste Methode ist, das eigene Wachbewußtsein und das Traumbewußtsein miteinander zu vereinen – sozusagen als Nebeneffekt des Bestrebens, das eigene Wachbewußtsein durch die Konzentration auf die eigenen Chakren mit dem Ekstasebewußtsein zu verbinden.

Wenn die Kundalini schließlich frei fließen kann, steigt die Lebenskraft in der Körpermitte auf, und strömt dann außen an der Aura wie an einer Kugeloberfläche wieder nach unten zum untersten Chakra hinab. Diese Konvektionsströmung ist die grundlegendste Bewegung der Lebenskraft im eigenen Körper.

Zunächst spürt man dieses Feuer im untersten Chakra als ein "glühendes sich-Winden", dann als eine von unten her den ganzen Körper einhüllende prickelnde, flirrende Hitze und schließlich als einen glühenden Strahl, der in der Körpermitte „mit der Geschwindigkeit einer kriechenden Schildkröte" emporsteigt, wie es in den Yoga-Texten so anschaulich beschrieben wird.

Die zweite Variante dieses Feuers, die „flirrende Hitze", wird in Tibet dazu benutzt, um sich beim Meditieren in Schnee und Eis warm zu halten. Die „Abschlußprüfung" dieser Meditation besteht für die tibetischen Lamas darin, daß sie in eisiger Kälte fünfmal pro Nacht das eigene nasse Mönchsgewand bei tiefem Frost durch ihre Meditation trocknen müssen. Die Hitze dieser Meditationsform kann auch eine Person spüren, die neben dem Meditierenden steht.

Wenn dieses Feuer in einem Chakra erwacht, kann es anfangs sein, daß man von dieser Wahrnehmung irritiert wird, weil es ein völlig neues Körperempfinden ist. So kann es z.B. sein, daß man anfangs das Feuer im Sonnengeflecht mit heftigem Hunger verwechselt – einfach weil man versucht, das seltsame, intensive Gefühl irgendwie in etwas Bekanntes einzuordnen.

Um dieses Fließen der Lebenskraft und den damit verbundenen Ekstasezustand zu erreichen, gibt es eine große Vielfalt von Meditationsmethoden:

1. Konzentration

Die allgemeinste Methode zur Erlangung einer Ekstase ist die Konzentration auf eine einzige Sache. Dies kann ein Gegenstand, eine Person (wie bei der sexuellen Ekstase) oder eine Vorstellung wie in der Magie sein.

Bei jeder Art von Zauber konzentriert man sich vollkommen auf das Bild dessen, was man erreichen will, und steigert sich immer mehr in diese Vorstellung hinein. Dabei ist die Ekstase, also das Erlebnis dieser völligen Einsgerichtetheit nicht das eigentlich Ziel, sondern die Tatsache, daß sich die Vorstellungen, auf die man sich in dieser Weise konzentriert, in der äußeren Welt umsetzten und Wirklichkeit werden – wie z.B. bei einem Jagdzauber.

In der Meditation ist jedoch dieser Zustand selber das, was angestrebt wird, da er wie der Orgasmus ein Zustand der erhöhten Wachheit und der Lust ist.

2. Tanz

Das älteste und wichtigste Hilfsmittel zur Erlangung einer solchen Konzentration ist der Tanz. Dabei ist man völlig auf das Ziel, also z.B. das Bild des erlegten Wildes, ausgerichtet. Man tanzt also aus dem Bild des imaginierten Zieles heraus, was etwas deutlich anderes ist, als ein Tanz, bei dem man sich „abreagiert" oder eine festgelegte Schrittfolge einhält. Durch das Tanzen aus einer Vorstellung heraus erlangt man die Qualität dieser Vorstellung und man gewinnt sehr viel Lebenskraft.

Solche Tänze werden oft von Zeremonien, Opferungen, pantomimischen Darstellungen, bestimmter Kleidung wie z.B. dem Großraubtierfell im Jagdzauber und ähnlichen Hilfsmitteln unterstützt.

3. Lichtstab, Tummo und Bindhu

Es gibt eine Vielzahl von speziellen Methoden zur Erlangung der Ekstase, von denen viele eine Weiterentwicklung der sexuellen Ekstase sind. Fast alle dieser Methoden streben den freien Fluß der Lebenskraft an, der letztlich das Erlebnis der Ekstase ist.

Die wesentlichen Elemente dieses Flusses der Lebenskraft im eigenen Körper sind 1. das Aufsteigen der Lebenskraft in der Körpermitte, 2. das Feuer, das von unten her von der Erdmitte durch das Wurzelchakra in den Körper fließt und 3. das Licht, das von oben her durch das Scheitelchakra in den Körper fließt. Diese drei Elemente können gezielt im eigenen Körper angeregt werden.

Dazu setzt man sich bequem hin und stellt sich einen leuchtenden Stab vor, der von dem untersten bis zu dem obersten Chakra reicht. Seine untere Hälfte ist rot und geht im Herzchakra in eine weiße Farbe über, die bis zum Scheitel emporreicht.

Das rote Licht wird Tummo genannt und wirkt im eigenen Inneren und ist vor allem Kraft, während das weiße Licht Bindhu genannt wird und im eigenen Äußeren wirkt und vor allem Bewußtsein ist – aber beides, rotes und weißes Licht, sind die Lebenskraft.

Wenn das rote Feuer wie eine Schlange aufsteigt, regt es schließlich das weiße Licht dazu an, herabzuströmen – das „Melken der Himmelskuh", wie dieser Vorgang in den altindischen Upanishaden genannt wird, in denen die Himmelsgöttin die Gestalt einer Kuh hat. Das aufsteigende rote Licht ist die Integration, die innere Bewegung der Mystiker, und das niederströmende weiße Licht ist die Schöpferkraft, die innere Bewegung der Magier.

Nun stellt man sich vor, daß sich dieser leuchtende Stab allmählich weitet, immer weiter, immer weiter – bis er schließlich das ganze Weltall umfaßt. Dann beginnt der Stab zu schrumpfen und wird dünner, immer dünner – bis er schließlich so dünn wie ein Haar ist. Dann weitet man ihn wieder, läßt ihn wieder schrumpfen usw. Dabei bemüht man sich, den gesamten Stab bewußt zu halten und zu sehen – im Bereich aller Chakren. Dadurch wird der Stab elastisch und die Lebenskraft im eigenen Inneren sozusagen durchgeknetet und massiert, sodaß sie beweglich wird.

4. das leuchtende Senfkorn

Nun stellt man sich vor, einen gleißendweißen Punkt von der Größe eines Senfkorns von dem untersten Chakra her in dem leuchtenden Stab aufsteigen zu lassen. Dieser Lichtpunkt verläßt oben am Scheitel den Körper und kehrt vor dem Körper entlang zu dem untersten Chakra zurück und tritt dort wieder in den leuchtenden Stab ein.

Diese Übung regt den Fluß der Lebenskraft an.

5. Lichtsaugen

Man sitzt bei dieser sehr wichtigen Meditation im Lotussitz (Schneidersitz mit auf den Oberschenkeln liegenden Füßen) oder im Drachensitz (mit dem Po auf den Fersen) hin und achtet eine Weile auf den Atem. Dann atmet man saugend und schlürfend voll ein und läßt dann die Luft wieder „hinausfallen". Man sollte dabei nicht versuchen, einen bestimmten Rhythmus anzustreben, sondern einfach so atmen, wie es sich gut anfühlt.

Beim Einatmen zieht man nun seine Beckenbodenmuskulatur (Perinäum) zwischen Genitalien und After zusammen und spannt sie so sehr an, wie man kann, ohne das es krampfhaft wird. Beim Ausatmen läßt man diese Muskulatur, in der das Wurzelchakra seinen Sitz hat, wieder los und entspannt sie wieder. Anfangs wird man möglicherweise den ganzen Unterleib anspannen, aber mit der Zeit wird man herausfinden, wo da unten welche Muskeln sitzen.

Nun stellt man sich beim Einatmen vor, wie Licht vom untersten Chakra zum obersten Chakra emporsteigt.

Beim Einatmen: schlürfend den Atem einsaugen, die Beckenbodenmuskulatur anspannen und das Aufsteigen des Lichtes imaginieren; beim Ausatmen: den Atem fallenlassen, die Beckenbodenmuskulatur entspannen und das aufgestiegene Licht betrachten.

6. der Springbrunnen

Man stellt sich vor, ein Springbrunnen zu sein. In eigenen Inneren steigt das Wasser als Strahl empor, entfaltet sich oben zu einer Fontäne und fällt dann rings um den eigenen Körper in etwa einer Armlänge Entfernung her als Tropfen wieder hinab, um sich unter dem eigenen Körper im Wurzelchakra erneut zu sammeln und wieder als Strahl emporzusteigen.

7. der Erdfeuerdrache

Man setzt sich bequem hin und geht mit dem Bewußtsein in die Erde hinab – durch den Humus, den kalten Fels, der allmählich wärmer wird ... dann wird der Felsen heiß und schließlich glühend und man sieht ein dunkelrotes Licht ... Man stiegt immer tiefer hinab und es wird immer heißer und das Licht wandelt sich in rot, dann in orange, in gelb ... schließlich wird das Gestein flüssig und das Licht gleißendweiß ... Man läßt bis ins Zentrum dieses glutflüssigen Eisen-Nickel-Kernes der Erde hinabsinken ... dort ruft man den eigenen Erdfeuerdrachen und steigt dann mit ihm empor ... Man bittet ihn, durch das eigene Wurzelchakra in den eigenen Körper hinein aufzusteigen und ein Teil der „Springbrunnen"-Bewegung zu werden.

Man kann auf diese Weise auch den Drachen eines Ortes oder einer anderen Person rufen, um den betreffenden Ort zu weihen und aufzuladen oder die Person zu heilen. Es gibt viele Anwendungsmöglichkeiten für diese Methode.

8. der Feuerkegel

Man setzt sich bequem hin, am besten wieder im Lotussitz oder im Drachensitz. Beim Einatmen stellt man sich vor, wie man leuchtende Lebenskraft einatmet und in das unterste Chakra lenket, wo man einen kleinen roten Kegel imaginiert, der mit seinem Boden in der Mitte des vierblättrigen Wurzelchakras steht und mit seiner Spitze nach oben in die Mitte des leuchten Stabes hineinragt. Beim Ausatmen stellt man sich vor, wie dieser rote Kegel aufglüht. Dies ist die wichtigste Imagination in der tibetischen Tummo-Meditation.

Man kann die Effektivität dieser Meditation noch steigern, indem man in seiner Vorstellung ein möglichst tiefes, ununterbrochenes „A" summt. Der tiefe Bass der traditionellen tibetischen Mönchsgesänge, der weit unterhalb von allem liegt, was man normalerweise für möglich hält, ist genau die Tonlage, bei der das innerlich gesungene „A" am stärksten auf das Wurzelchakra wirkt. Falls man in dieser Tonlage singen kann, ist natürlich auch das reale Singen auf diese Weise ausgesprochen hilfreich – schließlich wurde es für diesen Zweck entwickelt.

Rein technisch gesehen entsteht dieser „Umtse" genannte Gesangsstil dadurch, daß man seine Stimmbänder ohne jede Spannung schwingen läßt, anstatt sie wie beim normalen Singen und Sprechen anzuspannen. Inzwischen gibt es viele CDs mit solchen Mönchsgesängen, auf denen man sich diese Tonlage einmal anhören kann.

9. Mantra

Man kann die vorige Meditation dadurch ergänzen, daß man innerlich beim Ein- und beim Ausatmen das Wort „Feuer" spricht. Wenn man möchte, kann man auch „ignis" die lateinische Übersetzung für Feuer, oder „teja" das Sankrit-Wort für Feuer benutzen. Auch das tibetische „tummo" eignet sich dafür.

Wenn man jedoch keinen besonderen Grund für eine solche Wahl hat, wird vermutlich das Wort „Feuer" zunächst am effektivsten sein. Wenn man diese Mantra-Meditation längere Zeit übt, kann man natürlich auch ein bißchen experimentieren und z.B. auch einmal „sedji", das altägyptische Wort für Feuer testen.

10. Buchstabenmeditation

Dies ist eine Übung im Liegen: Zunächst entspannt man sich. Dann stellt man sich in beiden Fußsohlen jeweils ein großes "A" vor und singt innerlich dabei ein endloses „A" - am besten singt man das „A" in der Imagination eine Weile in verschiedenen Tonhöhen, bis man eine Tonhöhe gefunden hat, die sich gut und lebendig anfühlt. Wenn man eine zeitlang das „A" gesungen hat, wechselt man zu einem gesungenen „E", dann zum „I", zum „O" und zum „U". Wenn man dann noch mag, beginnt man einfach wieder mit dem „A".

Diese Buchstabenmeditation ermöglicht eine sehr tiefe Entspannung. Wenn diese Entspannung eintritt, wird sich der eigene Körper zunächst einmal schwer und irgendwie weniger real und mehr wie Bewußtsein anfühlen, danach schwerer und unbeweglich werden, nach wieder einer Weile dann warm und manchmal fast heiß werden und schließlich auf eine sehr angenehme Weise zu vibrieren beginnen.

Wenn man für zehn Minuten in diesem Zustand ist, fühlt man sich danach so erfrischt, als ob man zwei Stunden geschlafen hätte.

Ab dem Zustand der Wärme dehnt man dann seine Aufmerksamkeit auch auf das Wurzelchakra aus, in dem man nun den Vokal zusätzlich an diesem dritten Ort imaginiert, was nach kurzer Zeit das Wurzelchakra aktivieren wird.

Die älteste bekannte Fassung dieser Meditation stammt aus dem Tantra; es gibt aber auch einige neuere Entwicklungen, die um ca. 1900 entwickelt worden.

11. Yab-Yum

Wenn man einen Partner bzw. eine Partnerin hat, der bzw. die ebenfalls Interesse an der Erweckung der Kundalini hat, kann man auch die effektivste Methode testen. Im Grunde ist sie extrem schlicht: Man vereint sich miteinander, aber läßt es nicht zum Orgasmus kommen – man genießt die Spannung, aber entlädt sie nicht. Dann wird die so angeregte Lebenskraft sich nach und nach den Weg nach oben suchen, weil sich die kleine Kreisbewegung der Lebenskraft im untersten Chakra (Orgasmus) zu der großen Kreisbewegung durch alle Chakren („Springbrunnen") weiten wird.

Manchmal wird man dann in der Nacht danach feststellen, daß einem heiß wird oder daß man seltsamerweise kaum Schlaf braucht – dies sind übliche Effekte, wenn die Kundalini zu erwachen beginnt.

Man sollte bei dieser Meditation beim Liebesspiel immer wieder einfach einmal eine Zeitlang innehalten, sich nicht bewegen und nur sich und den anderen spüren, sich der eigenen Situation gewahr sein – mit der Lebenskraft spielen, die man beim Sex so deutlich spürt ...

Diese Methode wird in Tibet bisweilen Yab-Yum genannt. Mit diesem Namen wird auch der Yin-Yang-Gegensatz bezeichnet und auch die Vereinigungs-Haltung, bei der der Mann im Lotussitz ruht, und die Frau auf seinem Schoß sitzt und ihn mit ihren Beinen und Armen umfängt.

12. erotisches Solo

Generell funktionieren die Anregung der Kundalini durch sexuelle Stimulierung auch alleine, allerdings ist die eben beschriebene Methode zu zweit deutlich effektiver. Beim Solo kommt es wieder darauf an, daß die Sexualität angeregt, aber nicht entladen wird. Im Idealfall reitet man möglichst lange auf dem Kamm der Welle, ohne in die Fluten zu stürzen. Man sollte diese Methode aber nicht ohne einen soliden Entschluß fassen, denn sonst ist es schwierig, oben auf der Welle „diszipliniert" zu bleiben.

Und falls man dann doch einmal in die Wogen stürzt, sollte man es genießen, statt sich Vorhaltungen zu machen und es dann am nächsten Tag noch einmal probieren.

13. Anrufungen

Schließlich gibt es noch die krönende Übung. Sie sieht im Prinzip wie die Vereinigung von Mann und Frau aus, aber beide verbinden sich vorher mit einer Gottheit. Dafür sollte man natürlich schon etwas Übung mit Invokationen, also mit der Anrufung von Gottheiten und der Vereinigung und Identifizierung mit ihr haben. Wenn man das Liebesspiel ohne Orgasmus auf diese Weise spielt, strömt von außen her weitere Lebenskraft in das Liebesspiel mit hinein, was die Spannung noch deutlich erhöht – das erhöht aber auch die Ansprüche an den festen Entschluß, aber auch deutlich die Effektivität dieser Meditation.

F 1. d) Traum und Tiefschlaf

Die nun folgenden Verbindungen zwischen zwei Bewußtseinsformen, bei denen das Wachbewußtsein nicht eines der beiden Bewußtseinsarten ist, können nicht gezielt angestrebt werden – weil bewußte Bestrebungen eben vom Wachbewußtsein ausgehen. Es läßt sich dennoch einiges über diese Verbindungen sagen.

Es gibt während jedes Schlafes ca. drei Wechsel vom Traumbewußtsein in den Tiefschlaf und zurück. Von der "Größe" her ist dieser Übergang genauso groß wie das Einschlafen und das Aufwachen, also der Wechsel zwischen Wachbewußtsein und Traumbewußtsein – beide Übergänge messen genau eine Oktave.

Wenn Menschen nur wenig Schlaf erhalten können, sind die Traumphasen sehr kurz und es wird bevorzugt der Tiefschlaf aufgesucht, der daher der wichtigere Teil des Schlafes sein muß.

Den bisherigen Betrachtungen zufolge enthält das Traumbewußtsein die gesamten Erinnerungen an das derzeitige Leben, während der Tiefschlaf der Seele entspricht und demzufolge die Informationen über die gesamten Inkarnationen der betreffenden Person enthält. Das Traumbewußtsein umfaßt somit die eigene innere Mythologie, die sich aus dem Zusammenfügen aller eigenen Erinnerungen ergibt, und der Tiefschlaf enthält das Bild der eigenen Seele.

Daher könnte man die Verbindung zwischen Tiefschlaf und Traum das "Gespräch der Seele mit den inneren Mythen" nennen. Dies entspricht in etwa der Traumreise zur eigenen Mitte, bei der man die eigene Seele in Bildgestalt wahrnehmen kann – sie ist dabei als Einfluß in der inneren Bilderwelt anwesend und kann daher dort zusammen mit dem Wachbewußtsein die inneren Konflikte heilen.

Dieser Kontakt zwischen der Seele und den inneren Bildern wird sehr wahrscheinlich während des Schlafes (und auch während des Wachens) auch ohne die Beteiligung des Wachbewußtseins stattfinden – also unbewußt sein. Wenn dann eine wesentliche Inspiration oder eine Warnung aus dem eigenen Inneren auftaucht, kann man davon ausgehen, daß es vorher einen solchen Kontakt zwischen der Seele und dem Traumbewußtsein gegeben hat, woraufhin die Seele dann im Traumbewußtsein ein warnendes oder hilfreiches Bild oder einen solchen Satz geformt und dann ins Wachbewußtsein gesendet hat.

Bei dem Versuch, sich diesen Vorgang zu vergegenwärtigen, ist es sinnvoll, in Erinnerung zu behalten, daß die Informationen in den vier Bewußtseinsarten von der Ekstase hin zum Tiefschlaf immer umfassender werden: Das Wachbewußtsein weiß, was im Ekstasezustand geschieht; das Traumbewußtsein weiß, was im Wachbewußtsein geschieht, aber das Wachbewußtsein kennt nicht alle inneren Bilder;

41

und das Tiefschlafbewußtsein kennt alle Bilder im Traumbewußtsein, aber das Traumbewußtsein kennt nicht alle früheren Inkarnationen.

Es gibt einen wichtigen Vorgang, der sich zwischen dem Tiefschlafbewußtsein und dem Traumbewußtsein, also zwischen der Seele und dem Lebenskraftkörper abspielt.

Vor der Zeugung existiert zunächst einmal nur die Seele, die sich wieder inkarnieren will. Bei der Zeugung vereinen sich Same und Ei zum Embryo und ein Teil der Lebenskraft des Vaters verbindet sich mit einem Teil der Lebenskraft der Mutter zu einem Lebenskraftwirbel, der dann später zu dem Lebenskraftkörper des Kindes anwachsen wird.

Der prägende Einfluß auf diesen Lebenskraftkörper ist die Qualität der Seele mit ihrem Entschluß zu diesem Leben. Daher enthält das Traumbewußtsein in ihrem Zentrum ein Bild der eigenen Seele und des eigenen Entschlusses zu dieser Inkarnation, die die Wurzel aller Bilder in der eigenen Psyche sind, da sie das allererste Bild waren, das sich je in den Lebenskraftkörper eingeprägt hat.

Die Lebenskraft hat die Eigenheit, daß sich in ihr Ähnliches zusammenlagert – was man z.B. an der Bildung von Träumen und Symbolen beobachten kann, in denen sich Ähnliches zu komplexen Bildern zusammenfügt (griechisch: symbolein = „zusammenballen").

Auf diese Weise ruft auch das Bild der Seele und ihrer Absicht in dem Lebenskraftkörper des Embryos eine Resonanz in der gesamten Lebenskraft der Erde hervor, durch die dann das Ähnliche herbeigezogen wird und sich an den Lebenskraftkörper des Embryos anlagert.

In das Tierreich hinein entsteht eine Verbindung zu dem Tier, dessen Charakter der Absicht der Seele für ihre derzeitige Inkarnation am ähnlichsten ist. Diese Verbindung kann dann später bewußt als das eigene Krafttier entdeckt werden. In derselben Weise gibt es eine solche Verbindung in das Pflanzenreich und in das Mineralreich, die dann später als die eigene Kraftpflanze bzw. der eigene Kraftstein entdeckt werden können.

Das Krafttier beschreibt die eigene Dynamik, die Kraftpflanze die eigene Haltung und der Kraftstein die eigene Struktur.

F 1. e) Traum und Ekstase

In diesen Bereich gehören vor allem die unbewußten Vorgänge im Lebenskraft-körper, bei denen sich unbewußt oder halbbewußt viel Lebenskraft bewegt. Dazu gehören sexuelle Träume, die Hitzewallungen in den Wechseljahren, die im Zu-sammenhang mit manchen Gemütszuständen oder Krankheiten auftretende fliegen-de Hitze, und schließlich die bisweilen im Schlaf oder Halbschlaf auftretenden Hitzezustände.

Alle diese Vorgänge sind Bewegungen der Kundalini, also des Kreisens der Lebenskraft im Körper, die aus einer inneren Dynamik heraus in Gang kommen. Die Auslöser für diese Vorgänge kann die Pubertät oder die Wechseljahre sowie andere größere psychische oder auch körperliche Spannungen sein.

In der Regel sind diese Vorgänge nicht von großer Dauer. Besonders beeindruk-kend können diese Vorgänge werden, wenn die Lebenskraft eines Menschen durch ein Trauma, durch eine sehr heftige Erinnerung oder durch heftige innere Konflikte z.B. in der Pubertät fixiert und ausgerichtet wird. Bei einer solchen inneren Kon-stellation kann es dann zu materiellen Phänomen kommen, die auf den ersten Blick nur schwer von denen im einem Spukhaus zu unterscheiden sind: Geräusche und Stimmen ohne Ursache, grundlos umfallende Gegenstände und ähnliche Phäno-mene.

Letztlich ist diese unbewußte Telekinese und die Poltergeist-Phänomene auch sehr ähnlich: Beide Male gehen die Phänomene unbewußt oder halbbewußt von den Bildern im Lebenskraftkörper aus, wobei die Konzentration durch die heftigen inneren Bilder entsteht, die auch die Seele eines Verstorben dazu bewegen, weiter-hin in dem Haus zu bleiben, in dem er nun spukt. Der Unterschied besteht nur da-rin, das der Lebende noch seinen materiellen Körper hat, während der Verstorbene keinen materiellen Körper mehr hat – aber dies in der Regel noch nicht erkannt hat.

Man könnte die Fixierung der Lebenskraft auf das Bild eines Traumas eine unbe-wußte, negative Ekstase nennen – sowohl bei einem Lebenden als auch bei der spukende Seele eines Verstorbenen.

F 1. f) Tiefschlaf und Ekstase

Im Yoga findet sich die Ekstase im obersten und im untersten Chakra: geistige und körperliche Ekstase. Das Tiefschlafbewußtsein findet sich im Herzchakra.

Viele Meditationen, insbesondere im indischen Kundaliniyoga und in der ihm entsprechenden tibetischen Tummo-Meditation beziehen sich auf diese drei Chakren. Diese Meditationen erfordern ein klares Wachbewußtsein als Fundament.

Man kann die Verbindung dieser beiden Bewußtseinszustände als den Schöpfungsimpuls der Seele auffassen: die Seele inkarniert sich, um die Welt nicht nur zu "wissen", sondern zu erleben. Das intensivste Erlebnis und daher ein wichtiges Ziel der Seele ist die Ekstase, die völlige Konzentration auf einen einzigen Gegenstand der Welt.

Die Richtung dieser Schöpfung geht von innen nach außen vom Herzchakra über die beiden Chakren der Impulse und Gefühle und dann über die beiden Chakren der Strukturen und Gedanken zu den beiden Chakren der Berührung und Wahrnehmung.

Die Erkenntnis geht den umgekehrten Weg von den beiden Chakren der Wahrnehmung über die beiden Chakren der Strukturierung und dann über die beiden Chakren der Bewertung hin zu der eigenen Mitte im Herzen.

Der Tiefschlaf ist das Zentrum und die Ekstase ist das Erleben der Welt, zwischen denen sich die gesamten psychischen Vorgänge abspielen.

F 2. Vereinigung von drei Bewußtseinszuständen

Die Meditationen beginnen damit, daß man in sich das klare Wachbewußtsein fördert. Als nächster Schritt folgt dann das Entdecken und Erkunden der anderen Bewußtseinsformen. Dabei gibt es keine feste Reihenfolge, die eingehalten werden muß. Man kann lediglich sagen, daß es sinnvoll ist, ein klares Wachbewußtsein zu behalten, da man sonst keinen Haltepunkt und keine bewußten Integrationsmöglichkeiten hat.

In der Beschreibung in diesem Buch folgen die Vereinigungen von drei Bewußtseinszuständen erst auf die Beschreibung der Vereinigung von zwei Bewußtseinszuständen. Dies bedeutet aber nicht, daß man in der Praxis auch erst alle Zweier-Verbindungen erleben wird, bevor man eine Dreier-Verbindung erleben kann.

Es kommt durchaus vor, daß einigen Menschen das Erreichen des Ekstasezustandes schwerfällt, aber daß sie es sowohl mit den Traumreisen als auch mit dem Ruhen in der inneren Stille und dem inneren Leuchten des Tiefschlafbewußtseins recht einfach haben. In diesem Fall wird sehr wahrscheinlich die Vereinigung von Wachen, Traum und Tiefschlaf vor dem Erreichen des Ekstasezustandes eintreten.

Es ist auch keineswegs so, daß man z.B. erst perfekt die Traumreisen beherrschen muß, um dann z.B. zu den Ekstasemethoden überzugehen zu können – die Menschen sind organische Wesen und ihre Entwicklung ist daher in aller Regel ein allmähliches Wachsen in die verschiedensten Richtungen. Daher sind die hier beschriebenen Folgen der Bewußtseinsentwicklungen kein „Arbeitsplan" , an den man sich halten muß, um zum Ziel zu kommen, sondern nur eine Landkarte, die bei der Orientierung darüber, wo man sich gerade befindet, helfen kann.

Die Vereinigung von drei Bewußtseinsformen ist vom Erleben her nicht sehr viel anderes als die Vereinigung von zwei Bewußtseinsformen – die Vorgänge werden nicht unbedingt viel komplexer und die Meditationen auch nicht komplizierter. Es ist eher ein allmähliches Erweitern der Erlebnis-, Wahrnehmungs- und Handlungsmöglichkeiten, in deren Mitte stets das Wachbewußtsein steht, das die Dinge „vor Ort" in Zusammenarbeit mit der Lebenskraft und der eigenen Seele koordiniert.

Das wachbewußte Ich steht durch die Meditation im Zentrum eines stetig wachsenden Horizontes, getragen von der Dynamik der Lebenskraft und von der Qualität und Absicht der Seele und von Zeit zu Zeit erschafft das wachbewußte Ich die höhere Intensität der Ekstase und nimmt dadurch noch intensiver Anteil an der Welt.

F 2. a) Wachen, Traum und Tiefschlaf

Das Erreichen dieser Vereinigung bedeutet, daß die Qualität der Seele sich ungehindert in jedem Augenblick, in jeder inneren Regung und in jeder Handlung ausdrücken kann – der Mensch beginnt zu strahlen.

Dieser Zustand bedeutet letztlich "ganz einfach", daß das Licht der eigenen Seele (Tiefschlafbewußtsein) ungehindert durch die eigene Psyche (Traumbewußtsein) in das eigene Wachbewußtsein und in die eigenen Handlungen hinein strahlen kann.

In diesem Zustand kann man wachbewußt die eigene Seele sowohl als Bewußtseinszustand wie in der Schweige-Meditation als auch als Bild und Stimme wie in der Traumreise zur eigenen Mitte wahrnehmen. Man ist dann eins geworden mit der eigenen Seele, d.h. das Wachbewußtsein gründet dann vollbewußt und ganz in der eigenen Seele.

Diese Verbindung ergibt sich fast von selber, wenn man die eigene Mitte im Herzchakra sowohl als Bewußtseinszustand als auch als Vision auf der Traumreise erlebt hat. Ein einfacher Zugang zu dieser Verbindung ist das Ruhen im Hier und Jetzt des Wachbewußtseins, in dem dann nach und nach wie von selber das Bild der eigenen Seele und die erfüllende Wärme des Tiefschlafbewußtseins deutlich wird.

Wenn man in diesem Zustand ganz zuhause ist, d.h. bei vollem Bewußtsein in der Schwingung und dem Rhythmus und der Qualität des eigenen Tiefschlafes ruht, benötigt man immer weniger und schließlich gar keinen Schlaf mehr – so wie dies von verschiedenen Yogis und Lamas bekannt ist. Dieser Zustand kann zu einer allgemeinen Quelle der Lebenskraft werden, durch den dann die Wunder, die vor allem von den indischen Yogis und den tibetischen Lamas bekannt sind, möglich werden. Menschen in diesem Zustand brauchen nicht mehr unbedingt die äußere Zufuhr von Lebenskraft durch Atmen, Essen, Trinken usw., weshalb sie zu jahrelangem vollständigem Fasten (überhaupt nichts essen) oder zu tagelangem Anhalten des Atmens (einen Monat lang begraben werden) in der Lage sind.

Der Schlaf wird nur benötigt, um das eigene "Bewußtseins-Instrument", das durch das Spielen während des Wachens verstimmt worden ist, wieder neu zu stimmen – um dann erfrischt aufzuwachen. Wenn man jedoch lernt, ganz im Einklang mit der eigenen Seele sein eigenes Lied zu spielen, verstimmt sich das eigene Instrument nicht mehr – und man braucht nicht mehr zu schlafen.

Dieses „Spielen des eigenen Instrumentes ohne es dabei zu verstimmen" ist letztlich nichts anderes als die Fähigkeit, die Schwingungen des Wachbewußtseins im Einklang mit den Schwingungen des Traumbewußtseins und des Tiefschlafes schwingen zu lassen und sich durch nichts aus diesem Klang bringen zu lassen.

Diese Fähigkeit führt dann auch dazu, daß man während der Zeit zwischen zwei Inkarnationen bei vollem (Wach-) Bewußtsein bleibt, da sich das menschliche Bewußtsein während des Sterbens wieder in das Tiefschlafbewußtsein der Seele hinein auflöst – so wie die drei Bewußtseinsformen mit den schnelleren Frequenzen in umgekehrter Reihenfolge im Embryo während der Schwangerschaft nach und nach aus dem Tiefschlaf heraus entstanden sind.

Eine Vorstufe zu diesem Bewußtsein ist die Traumreise zur eigenen Mitte, durch die man seine eigene Seele kennenlernen kann. Dabei beginnt man eine Traumreise mit dem Ziel, die eigene Mitte zu finden. Man findet auf einer solchen Traumreise zwar nicht die eigene Seele selber in unverhüllter Form, da man bei einer Traumreise eben im Bereich der eigenen Lebenskraft und somit der inneren Bilder bleibt, aber man kann im Bereich der Lebenskraft der eigenen Seele in Bildform begegnen – die eigene Seele hüllt sich in die treffendsten Bilder, um sich dem nach ihr suchenden Wachbewußtsein zu zeigen.

Wenn dann die Gestalt der Seele in der eigenen Vision von innen her zu leuchten beginnt, ist man mit der eigenen Wahrnehmung schon nah an das direkte Erleben der eignen Seele und somit an das Tiefschlafbewußtsein herangekommen.

In den Visionen treten drei deutliche optische Merkmale auf, wenn man man sich vom Traumbewußtsein aus dem Tiefschlafbewußtsein nähert:

      1. Alle Formen beginnen langsam zu fließen und ständig ihre Form zu ändern;

      2. die Konturen der Formen sind extrem scharf und übertreffen darin noch deutlich die normale Wahrnehmung mit den Augen; und

      3. die Formen, die im Lebenskraftbereich/Traumbewußtsein wie in einem indirekten, diffusen Licht zu erkennen sind, beginnen an dem Übergang zum Seelenbereich/Tiefschlafbewußtsein zu glänzen, bevor sie dann im Seelenbereich selber von innen her zu leuchten beginnen.

Da die eigene Seele ihre früheren Inkarnationen kennt und ebenfalls das gesamte noch bevorstehende Leben der derzeitigen Inkarnation, gibt es beim Annähern an die eigene Seele schließlich einen Punkt, an dem man (wenn man will) sich die gesamten früheren Inkarnationen ansehen kann. Zugleich gibt es an dieser Stelle auch die Möglichkeit, sich das ganze noch vor einem liegende Leben anzusehen, also vollständig die Perspektive der eigenen Seele einzunehmen.

Dies ist ein sehr gründlicher Perspektivenwechsel, da man es im Normalfall gewohnt ist, Zeit als eine lineare Bewegung zu erleben. Wenn man jedoch die

Perspektive der Seele einnimmt, wird zumindest die gesamte Zeit der derzeitigen Inkarnation eine Gleichzeitigkeit mit einer Zeitbewegung in ihr – also so ähnlich, als wenn man einen Weg laufen würde, den man aber vom Anfang bis zum Ende klar überschaut. Es bleibt das Laufen und man kann den Weg genießen oder manche Stellen auch eher fürchten, aber man ist sich stets des ganzen Weges bewußt.

In aller Regel wird man aber nicht in dieses Bewußtsein unerwartet hineinstolpern, sondern kann sich ihm nur schrittweise annähern – was auch gut ist, da man sonst arge Probleme damit bekommen könnte, diese neue Perspektive auszuhalten. Möchte man z.B. wirklich schon wissen, wann und wo und wie man sterben wird? Dies ist letztlich nur dann eine angenehme Information, wenn zugleich wirklich erlebbar geworden ist, daß eine jede Inkarnation nur ein Tag im Leben der Seele ist, zwischen denen sie sich im Jenseits ausruht.

F 2. b) Wachen, Traum und Ekstase

Die Voraussetzung für diese Vereinigung sind die Fähigkeiten, die innere Bilder-welt z.B. durch Traumreisen bewußt wahrnehmen und auch die Ekstase erleben zu können. Da die verschiedenen Ekstasemethoden aber alle Imaginationen benutzen, ist bei der Integration der Ekstase in das Wachbewußtsein fast immer der Traum-zustand schon inbegriffen. Selbst bei der normalen sexuellen Ekstase, also beim Orgasmus, spielen die inneren Vorstellungen eine große Rolle.

Diese drei Bewußtseinsbereiche müssen also nicht speziell miteinander verbun-den werden, da dies von selber geschieht, sobald sie beide vom Wachbewußtsein aus erreicht worden sind. Diese spontane Verbindung dieser drei Bewußtseins-formen liegt auch darin begründet, daß sowohl Traum als auch Ekstase direkt an das Wachbewußtsein angrenzen und ihm daher von allen Nicht-Wachbewußtseins-Zuständen am vertrautesten sind.

F 2. c) Wachen, Tiefschlaf und Ekstase

Aus Hingabe an die Seele heraus in Ekstase geraten ... Dieser Vorgang ist unwahrscheinlich, da vorher zunächst die inneren Bilder bewußt werden würden:

1. wegen der Hervorhebung eines einzelnen Bildes durch die Ekstase,

2. durch die Intensität des Erlebnisses der eigenen Seele, das fast immer auch eine Vision der eigenen Seele hervorruft, und

3. weil das Traumbewußtsein mit seinen Bildern zwischen dem Wachbewußtsein und dem Tiefschlaf liegt und daher durch die Konzentration auf den Tiefschlafzustand „geweckt" werden würde.

F 2. d) Traum, Tiefschlaf und Ekstase

Die unbewußte Vereinigung von Traum, Tiefschlaf und Ekstase dürfte ein sehr seltener Zustand sein, da das Wachbewußtsein von seiner Frequenz her zwischen Tiefschlaf/Traum und Ekstase liegt und Ekstasen ganz allgemein dazu neigen, im Wachbewußtsein stattzufinden, da sie die höhere Oktave des Wachbewußtseins sind. Unbewußte Ekstasen gibt es vor allem im Traum entweder in der Form des nächtlichen Orgasmus (Wurzelchakra) oder in der Form des Erlebens der eigenen Seele im Traum (Herzchakra/Scheitelchakra), woran man sich dann morgens evtl. als großes Glücksgefühl erinnern kann.

Die Vereinigung von diesen drei Bewußtseinszuständen spielt daher in der Meditation und auch sonst kaum eine Rolle.

F 3. Vereinigung von vier Bewußtseinszuständen

Dieser Zustand ist das, was von den meisten Meditationen letztlich angestrebt und Satori, Nirvana, Erleuchtung u.ä. genannt wird.

Die häufigste Folge bei der Vereinigung der vier Bewußtseinsarten ist vermutlich:

1. - Wachzustand

2. - Wachzustand und Traumzustand

   dann entweder:
3. - Wachzustand und Tiefschlaf
      oder:
   - Wachzustand und Ekstase

   worauf dann
4. - Wachzustand, Traumzustand und Tiefschlaf
      bzw.
   - Wachzustand, Traumzustand und Ekstase
      folgt,

   diese Dreier-Verbindung wird dann schließlich durch den noch fehlenden Bewußtseinszustand ergänzt:
5. - Wachzustand, Traumzustand, Tiefschlaf und Ekstase

F 3. a) Wachen, Traum, Tiefschlaf und Ekstase

Dies ist der von den meisten indischen und tibetischen und auch in vielen islamischen Meditationen angestrebte Zustand. In den christlichen Meditationen und auch in den meisten jüdischen Meditationen wird die Ekstase nicht direkt angestrebt, sondern erscheint sozusagen nebenher als Gnade Gottes, die dann in den älteren Texten oft als „Verzückung" beschrieben wird.

„Verzückung" und „Begeisterung" sind zwei alte Ausdrücke für die Ekstase, die „den Geist in den Körper holt", also be-geistert, und die den Meditierenden in die für viele Ekstasen (und auch für Traumaheilungen) typischen Zuckungen versetzt, also „ver-zuckt"/"ver-zückt".

Diese Vereinigung ergibt sich ohne zusätzliche Meditationen daraus, daß die vier Grundzustände des Bewußtseins geklärt und mit dem Wachbewußtsein verbunden werden. Allerdings gibt es in den Religionen und spirituellen Systemen, die sich mit solchen Bewußtseinsvorgängen befassen, immer mehr oder weniger feste Wege, die zum Erreichen der Vereinigung der vier Bewußtseinszustände empfohlen werden.

Diese Methoden können recht komplex sein und beinhalten oft auch Mandalas, die Landkarten dieser Bewußtseinszustände darstellen, und Rituale, die die Wege in diese Zustände symbolisch darstellen und dadurch vorbereiten.

Klären des Bewußtseins		
Bewußtsein	**Ziel**	**Methode**
Wachen	Klarheit, Wachheit, Präsenz	Hier und Jetzt, Aufmerksamkeit
Wachen und Traum	Heilen von Ängsten, Süchten und Traumata	Traumreisen, Freundlichkeit zu sich selber
Wachen und Tiefschlaf	in sich ruhen, aus dem Herzen heraus leben	Reise zur eigenen Mitte, Hingabe, sich selber lieben
Wachen und Ekstase	volle Lebendigkeit	Konzentration, Geschehenlassen, die eigenen Grenzen öffnen

F 4. Vereinigung mit dem Gottheitenbewußtsein

Die Begegnung mit dem Bewußtsein einer Gottheit ist eine der größten Herausforderung und eine der größte Hürden in der Meditation überhaupt, da der Meditierende dafür seine Grenzen vollständig loslassen muß. Dies ist nur möglich, wenn man zwei Dinge bereits erreicht hat:

> 1. Man muß sich seiner eigenen Qualität so sicher sein, sodaß man seine eigene Qualität statt seiner Abgrenzung nach außen hin als Identitätsmerkmal und somit als Anker für die eigene Identität benutzen kann.

> 2. Man muß zumindest alle größeren Ängste, Süchte und Traumata im eigenen Inneren geheilt haben, da man bei der Auflösung aller Grenzen nicht nur die Grenzen nach außen hin, sondern auch die Grenzen nach innen hin auflöst und daher dann das gesamte eigene Innere mitsamt den eventuellen bis dahin noch unbewußten Gefühlen und Bildern unverschleiert erlebt.

Diese Wahrnehmung des gesamten eigenen Inneren umfaßt auch die Erlebnisse der früheren Inkarnationen – was allerdings keinen großen Unterschied macht, da man alles, was in den eigenen früheren Leben starr und ungeheilt geblieben ist (Karma = Traumata) in jedem neuen Leben „neu inszeniert wird" und die betreffenden Gefühle aus den früheren Inkarnationen somit wieder präsent sind. Dies ist das Wirkung des Karmas. Trotzdem ist es natürlich schon ein heftigeres Erlebnis, sich wieder an seine früheren Inkarnationen mit allen ihren Höhen und Tiefen zu erinnern.

Das Grenzenauflösen an dem Übergang zum Gottheitenbewußtsein entsteht dadurch, daß Gottheiten zwar eine klare Qualität haben, aber grenzenlos sind. Man kann diesen Übergang vom Abgegrenzten zum Unabgegrenzten am ehesten mit dem Übergang von der „festen" Materie zu den „nicht-festen" Energiequanten, deren Reichweite ebenfalls unendlich ist, vergleichen.

Es gibt nur wenige Religionen, in denen dieser Übergang wirklich präzise beschrieben wird. Am deutlichsten findet man ihn im tibetischen Buddhismus dargestellt.

Buddha beschreibt die Merkmale eines Erleuchteten als grenzenlosen Gleichmut (Gelassenheit, Bejahung), grenzenlose Freundlichkeit (Anteilnahme, Annehmen), grenzenlose Liebe und grenzenlose Freude. Diese Grenzenlosigkeit ist das deutlichste Merkmal des Bereiches der Gottheiten.

An diesen Zustand kann man sich in der Regel nur allmählich annähern, da er erfordert, daß man allen Bildern, Gedanken und Gefühlen im eigenen Inneren begegnen kann, was nicht auf einmal, sondern nur nach und nach möglich ist. Zudem erfordert die Grenzenlosigkeit ein ganz neues Selbstbild, das keine Abgrenzung zur Welt mehr benötigt – man muß für diesen Schritt die Illusion eines eigenständigen, ewigen, unveränderlichen und aus sich selbst heraus existierenden Ichs aufgeben. Die eigene Individualität wird durch diesen „Schritt über den Rand des Abgrunds" als Muster in dem Kontinuum der Welt erlebt und erkannt.

Um mit einer Gottheit in Kontakt zu treten, ist es nicht nötig, vorher die vier normalen „menschlichen" Bewußtseinsformen miteinander vereint zu haben. Man kann jederzeit den Kontakt zu einer Gottheit aufnehmen, aber die Intensität dieses Kontaktes wird durch den Zustand vor allem der eigenen inneren Bilderwelt, also des Traumbewußtseins begrenzt werden. Daher werden die intensiveren Begegnungen mit einer Gottheit, die über eine Vision im Bereich des Traumbewußtseins hinausgehen, entweder erst nach einer längeren Zeit der Meditation und der Therapie auftreten – oder eben zunächst einmal eher erschreckend ausfallen.

F 4. a) Wachen und Gottheitenbewußtsein

Die bekannteste Form dieser Verbindung ist das Gebet. Das Gebet beginnt als imaginiertes Gespräch mit der Gottheit oder dem Heilgen oder Erzengel und ist dabei zunächst nur eine sehr dünne Verbindung zwischen dem Betenden und der Gottheit. Diese Verbindung kann sich aber durch häufiges Beten, durch ein intensives Verlangen nach Erkenntnis oder nach Hilfe, durch Hingabe und Liebe zu der Gottheit, und schließlich durch die Identifikation mit der Gottheit immer weiter verstärkt werden.

Wenn dann schließlich die angerufene Gottheit tatsächlich direkt dem Wachbewußtsein erscheint, kann das sehr erschreckend sein, da man plötzlich wie von einer Welle überspült wird. Es ist, als wenn man auf einem Waldweg entlanggelaufen wäre, der sich plötzlich in die unendliche Dunkelheit zwischen den Sternen verwandelt und man auf einmal mitten im Weltall schwebt. Meist dauert es eine Weile, bis man solche Erlebnisse ertragen kann – und sie schließlich zur größten Freude und zum größten Genuß werden.

Diese Erlebnisse sind sehr bereichernd, denn wo könnte eine größere Fülle einer bestimmten Qualität liegen als in einer Gottheit, die eine klare Qualität hat, aber grenzenlos ist? Bei den ersten Begegnungen mit einer Gottheit kann es passieren, daß man Angst bekommt und einem die Haare zu Berge stehen oder daß man zu zittern oder zu weinen beginnt – das ist vollkommen in Ordnung und man sollte es ruhig zulassen, denn diese Tränen und dies Zittern wirken reinigend auf die ganze Persönlichkeit. Und man sollte sich mit dieser Art von Erlebnissen Zeit lassen und sie nicht zu sehr forcieren.

F 4. b) Traum und Gottheitenbewußtsein

Wenn sich das Traumbewußtsein und das Bewußtsein einer Gottheit miteinander verbindet, entsteht zunächst einmal eine Vision dieser Gottheit, d.h. die lebhafte Wahrnehmung dieser Gottheit – im Innen oder auch im Außen.

Eine solche sichtbare Erscheinung einer Gottheit vor einem im Raum kann anfangs recht beunruhigend sein, aber ein solches Erlebnis wird nur dann auftreten, wenn man es auch annehmen kann, da sich sonst das Traumbewußtsein, das diese Vision wahrnimmt, vorübergehend für das Wachbewußtsein verschließen würde.

Die Imagination einer Gottheit und die anschließende Identifikation mit ihr (d.h. mit der imaginierten Gestalt) ist die üblichste Methode, um diese Verbindung herzustellen. Sie hat den Vorteil, daß sie allmählich wachsen kann und mit der Intensität der Imagination auch die „Resonanz" von seiten der Gottheit wächst. Diese Methode wird im allgemein Invokation („Hereinrufung") genannt.

Diese Form des Erlebnisses einer Gottheit kann von der schwachen Ahnung ihrer Qualität über die deutliche Imagination und das von innen her leuchtende Bild bis zu der strahlenden Erscheinung der Gottheit inmitten eines Lichtmeeres anwachsen.

Diese Gottesbilder haben eine große Wirkung auf die Psyche, da die Gottheiten reine Qualitäten wie Stärke, Geborgenheit, Weisheit, Wiedergeburt oder ähnliches darstellen – im Gegensatz zu den eigenen, individuellen Bildern in der Psyche, die alle mehr oder weniger durch die in den persönlichen Erinnerungen enthaltenen Reste von Angst und Sucht verzerrt sind. Die Gottheiten können daher Orientierung für die Zustände, die man erreichen möchte, geben – was das Erreichen dieser Zustände wesentlich einfacher macht.

Die Orientierung und den inneren Halt, die die Erlebnisse von Gottheiten dem Meditierenden geben, kann man kaum mit Worten beschreiben – es ist in etwa so, als wenn man bis zu diesem Erlebnis mit verbundenen Augen durch den Wald getastet und gestolpert wäre und nun auf einmal mit offen Augen den Weg vor sich sehen könnte.

F 4. c) Tiefschlaf und Gottheitenbewußtsein

Die Grundqualität der Seele/Herzchakras/Tiefschlafbewußtseins ist die Integration, der Zusammenhalt, die Quelle, das Strahlen ... die Liebe.

Daher ist die Verbindung des Tiefschlafbewußtseins und des Gottheitenbewußtseins die Liebe der Seele zu der Gottheit. Diese Liebe findet man in fast jeder Religion beschrieben wie z.B. im indischen Bakhti-Yoga.

Diese Liebe der Seele gilt vor allem der Gottheit, deren „Kind" sie ist, d.h. aus deren unbegrenzter Qualität heraus sie als ein abgegrenzter „Tropfen" entstanden ist. Das Finden dieser Gottheit gibt ein noch größeres Maß an Orientierung und Halt und Heimat in der Welt als es schon das Finden der eigenen Seele bewirkt.

Man kann mithilfe von Traumreisen nach dieser Gottheit suchen, man kann sie einladen, im eigenen Leben zu erscheinen, oder man kann einfach darauf warten, daß sie einem deutlich wird.

Wenn man diese Gottheit gefunden hat, braucht man sie eigentlich nicht mehr zu invozieren, also sie anzurufen und sich mit ihr zu identifizieren, da man im eigenen Innersten diese Gottheit wiedergefunden hat.

Das bedeutet nicht, daß man ein wenig größenwahnsinnig geworden ist, sondern nur, daß sich die eigene Identität weitet und man die eigene Seele als eine der vielen „Inkarnation" der betreffenden Schutzgottheit erlebt. Man lebt dann aus der Gottheit heraus in der eigenen Seele, aus der eigenen Seele heraus in der eigenen inneren Bilderwelt, und aus der inneren Bilderwelt heraus im Hier und Jetzt. Man beginnt, sich bewußt als ein Teil zu Welt zu erleben und bewußt als ein Teil der Welt zu leben.

F 4. d) Ekstase und Gottheitenbewußtsein

Die Verbindung dieser beiden Bewußtseinszustände bedeutet vor allem, daß die Lebenskraft frei fließt, weil das Gottheitenbewußtsein abgrenzungslos ist, und daß das Bewußtseins sich aus der weiten Perspektive einer Gottheit ganz auf eine Sache konzentrieren kann, weil diese Konzentration das Wesen der Ekstase ist. Diese völlige Konzentration auf eine Gottheit läßt die Verzückung und Intensität entstehen, die von den Mystikern aller religiösen Richtungen immer wieder berichtet wird – die göttliche Ekstase.

Das Erreichen des Gottheitenbewußtseins setzt entweder das freie Fließen der Kundalini voraus, weil das freie Fließen das Annehmen aller Dinge bedeutet, die einem dann in der Abgrenzungslosigkeit sichtbar werden könnten – dann ist es ein friedlicher Übergang in das weite Bewußtsein der Gottheit; oder das freie Fließen der Lebenskraft entsteht als Folge des Erreichens des Gottheitenbewußtseins, weil dieses Bewußtsein abgrenzungslos ist und sich somit alles auflöst, was das freie Fließen behindern könnte – dann ist es zunächst möglicherweise ein erschreckender Vorgang, da man dann plötzlich die gesamte eigene Innenwelt wahrnimmt.

Die „völlige Präsenz einer Gottheit in einer Situation", die dieser Verbindung entspricht, kann sowohl für denjenigen, in dem sie stattfindet, sehr intensiv sein, als auch für diejenigen, die diese göttliche Ekstase als Zuschauer miterleben. Wenn sich ein Mensch bis zur Ekstase in eine Gottheit hineinsteigert, beginnt er auch, die Intensität, Eindeutigkeit und Unbegrenztheit der betreffenden Gottheit auszustrahlen, was für die dabei anwesenden Personen unter Umständen recht heftig werden kann.

Eine etwas schwächere Variante dieses Erlebnisses können Rituale und Zeremonien oder auch Heilungen sein, bei denen der Priester bzw. der Heiler oder Magier sein Handwerk versteht. Die dabei auftretende Intensität wird unter Umständen nicht bewußt wahrgenommen, aber sie kann so groß werden, daß das Wachbewußtsein des einen oder anderen Teilnehmers diese Erfahrung nicht mehr integrieren kann und daher zunächst einmal müde wird und dann evtl. einschläft (wenn die Intensität sich langsam steigert) oder einfach ohnmächtig wird (wenn sich die Intensität schnell steigert).

Das Einschlafen während einer Zeremonie in einer Kirche, Synagoge, Moschee oder sonst einem Tempel muß also keineswegs bedeuten, daß die Zeremonie langweilig und der Priester unfähig ist, sondern kann ganz im Gegenteil daran liegen, daß das (ungeübte) Wachbewußtsein nicht mehr in der Lage ist, die Dinge, die das Unterbewußtsein (Traumbewußtsein) auf der Lebenskraftebene wahrnimmt, zu integrieren.

Man nimmt durchaus ständig Gedanken und Gefühle anderer Menschen telepathisch wahr, aber diese Wahrnehmungen treten dann nur als diffuse Eindrücke oder auch gar nicht ins Wachbewußtsein. Wenn jedoch die Wahrnehmung eines Vorganges in der Lebenskraft so intensiv ist, daß er aufgrund seiner Intensität nicht mehr unbewußt bleiben kann und ins Wachbewußtsein empordrängt, aber das Wachbewußtsein dieses Erlebnis nicht annehmen kann, weil es z.B. die feste Vorstellung hat, daß es solch ein Ereignis gar nicht geben kann oder daß Telepathie, die Lebenskraft u.ä. überhaupt nicht existieren, dann entsteht in dem Wachbewußtsein durch den Widerspruch zwischen den telepathischen Wahrnehmungen und den eigenen Vorstellungen darüber, was sein kann, sozusagen ein Kurzschluß ... woraufhin sich das Wachbewußtsein auflöst, d.h. man schläft ein oder wird ohnmächtig.

Eine andere Variante dieses Vorganges ist es, daß man es während eines solchen heftigen Erlebnisses noch schafft, wachbewußt zu bleiben, aber das Erlebnis nach einer Stunde vollkommen vergessen hat, weil es sich einfach nicht in die übrigen Inhalte des Wachbewußtseins integrieren ließ. Im Zusammenhang mit Gottheiten ist dieses Vergessen ein durchaus häufiges Phänomen, wenn es einer Gruppe von Personen gelingt, eine Gottheit mit einer solchen Entschlossenheit und Intensität anzurufen, daß sie im Raum vor diesen Personen als Vision oder als Gestalt von Konsistenz dichter Dämpfe erscheint. Bisweilen können sich diese Erscheinungen soweit verfestigen, daß sie sogar sprechen und berührt werden können.

Das Vergessen eines zu heftigen Erlebnisses ist durchaus weit verbreitet und tritt auch im Zusammenhang mit den meisten Traumata auf – einfach, um das Wachbewußtsein funktionstüchtig zu erhalten und zu vermeiden, daß es vollkommen auf dieses eine Erlebnis gebannt ist. Als Erinnerung wirkt es aber natürlich im Traumbewußtsein unbewußt weiter und kann sehr prägend werden.

Die Evokation einer Gottheit, bei die Gottheit im Außen sichtbar erscheint, ist eines der heftigsten spirituellen Erlebnisse, da sich diejenigen, die die Gottheit anrufen, durch ihre hohe Konzentration bereits in der Ekstase oder zumindest kurz davor befinden und dann das Bewußtsein durch die Gottheit ins Grenzenlose geweitet wird – und zudem die Vision einer Gottheit, die auf einmal mitten im Raum steht, normalerweise den gewohnten Erlebnisrahmen deutlich sprengt.

F 5. Vereinigung mit dem Gesamtbewußtsein

Dies ist das letzte Ziel der Meditation und allgemein fast jedes religiösen Strebens. Je nach der eigenen Vorliebe wird dieses Eine persönlich als Gott, Allah, Jahwe, Shiva usw. aufgefaßt oder unpersönlich als Satori, Nirvana u.ä. Der Unterschied liegt im Grunde nur in dem verwendeten Bild: Da das Eine alles umfaßt und das innerste Bewußtsein in allem und die Substanz von allem ist, ist es nicht mehr im gewohnten Sinne persönlich; und da das Eine die Wurzel aller individuellen Bewußtseins in jedem Menschen, Tier, Pflanze, Mineral, Meer und Stern ist, ist es die einzig wirklich existierende Persönlichkeit und Individualität.

Die Vereinigung mit diesem Bewußtsein öffnet letztlich die Augen für das, was die Welt tatsächlich ist ... denn vorher sah man immer nur einen Ausschnitt dieser Welt.

F 5. a) Wachen und Gesamtbewußtsein

Durch diese Verbindung entsteht eines der seltsamen Phänomene, die des öfteren von Mystikern, Heiligen und Yogis berichtet werden: die Bewußtheit über alles, was in einem großen Umkreis um diese Person herum vorgeht. Bei der normalen Telepathie ist es so, daß eine Person die Gedanken, Gefühle und Bilder empfängt, die eine andere Person bezüglich dieses „Empfängers" gerade denkt, fühlt und sieht. Bei der erweiterten Form dehnt sich das Wachbewußtsein jedoch beliebig aus und man ist sich dann auch der Dinge bewußt, die z.B. in den umliegenden Häusern geschehen.

Da das Gesamtbewußtsein, also Gott (wenn man es so bezeichnen möchte) vollkommen frei ist, da es ja neben ihm nichts anderes mehr gibt, das ihn in irgendeiner Weise einschränken könnte, wird auch das Wachbewußtsein, das sich vollkommen mit Gott verbunden hat, in dieser Weise frei. Diese vollkommene Hingabe an Gott und die daraus resultierende Fähigkeit, jedes beliebige Wunder zu vollbringen, findet sich bei Christus, bei Elias, Elisa, Milarepa, Naropa und vielen Yogis und Lamas.

Diese Fähigkeit ist auch bei den jüdischen Rabbis und den islamischen Mystikern weit verbreitet, aber sie sind von ihnen weniger gut bekannt, weil vor allem die Sufis lange den Grundsatz gehabt haben, keine Wunder öffentlich zu vollbringen, da sie anfangs von der offiziellen islamischen Lehrmeinung angegriffen wurden und lieber unauffällig blieben.

Man kann eine Betrachtung anstellen, um dem eigenen Denken das Annehmen der Möglichkeit, daß man sein Bewußtsein auf die gesamte Welt ausdehnen können soll, zu erleichtern:

Alle Materie besteht aus Molekülen,
alle Moleküle bestehen aus Atomen,
alle Atome bestehen aus Atomkernen und Elektronen,
alle Atomkerne bestehen aus Protonen und Neutronen,
alle Protonen und Neutronen bestehen aus Quarks und Neutrinos,
alle Quarks, Elektronen und Neutrinos bestehen aus Energiequanten,
alle Energiequanten sind Krümmungen der Raumzeit,
die Raumzeit schließlich ist die Ausdehnung der Zeitdimension,
und die Zeitdimension ist alles, was es wirklich gibt
– Gott ist die Ewigkeit.

Die Grundqualität dieser Bewußtseinsverbindung und das Element, was diese

Verbindung ermöglicht, ist die Liebe zu Gott.

Wenn Gott das einzig Reale ist und das Wachbewußtsein eins mit Gott wird, gibt es nichts mehr, was den vollkommenen Selbstausdruck in irgendeiner Weise behindern könnte – die Begegnung mit Gott läßt den Menschen vollkommen furchtlos werden.

F 5. b) Traum und Gesamtbewußtsein

Das Bild des Gesamtbewußtseins im Bereich der Lebenskraft, also die Vision Gottes im Traumbewußtsein, ist gleißendweißes Licht. Dieses Licht ist in allem und nichts ist etwas anderes als dieses Licht. Die Imagination dieses Lichtes in allem und die Betrachtung dieses Lichtes in allen Dingen ist der Traumbewußt-seins-Weg zu Gott.

Mit dieser Imagination kann man im eigenen Herzen beginnen oder auch in dem Grashalm vor sich auf der Erde oder in der Schraube, die noch auf dem eigenen Schreibtisch herumliegt ... das gleißendweiße Licht ist in allem. Diese Imagination dehnt sich fast von selber immer weiter aus, bis sie schließlich alle Dinge umfaßt.

Diese Imagination kann je nach der Veranlagung des Meditierenden durch die im vorigen Kapitel beschriebene Betrachtung der Welt von der Vielfalt der Materie bis hin zu der Einheit der Zeit, die die Essenz aller Dinge ist, hilfreich sein, weil sie dem Verstand ermöglicht, die allem zugrundeliegende Einheit auch intellektuell zu fassen und somit die Vision des grenzenlosen gleißendweißen Lichtes dem Wach-bewußtsein „zu genehmigen".

Auch diese Form der Verbindung ermöglicht das Vollbringen von Wundern ... letztlich dehnt sich jede Art von Kontakt mit dem Einen-Alles-Einzigen auf das gesamte eigene Wesen aus.

Wenn man das gleißendweiße Licht erlebt, ist da nur noch Eins – das alles umfassene Bewußtsein. Wenn es nur noch Eins gibt, gibt es auch kein Innen und kein Außen mehr, sondern nur das Eine. So wie sich jeder seine Hand von außen mit den Augen ansehen kann und zugleich von innen her mit seinem Bewußtsein erfühlen kann, so ist das Gottesbewußtsein in allem und die gesamte Welt ist Gottes Körper – der sich verwandeln kann, aber niemals die Tatsache, daß er Gottes Körper ist, beenden kann. Somit ist aus Gottes Perspektive das Außen der Welt (Materie) und das Innen der Welt (Bewußtsein) dasselbe – Gott erlebt sich in der Welt.

F 5. c) Tiefschlaf und Gesamtbewußtsein

Beim Erleben des Gesamtbewußtseins löst sich die eigene Identität, die sich vorher in der Regel in die Gottheit, von der die Seele ein „Kind" ist, hinein geweitet hat, nun in einem weiteren Schritt in das Ganze hinein auf, wodurch die Welt zum eigenen Körper und Gott zum eigenen Ich wird ... wobei dieser Körper und dieses Ich völlig anders sind als das normale Wachbewußtseins-Ich und auch als das normale Seelen-Tiefschlafbewußtseins-Ich.

Bei der Begegnung mit dem gleißendweißen Licht wird sogar das Erlebnis der aus sich heraus leuchtenden Seele und auch das Erlebnis der Gottheit, deren „Kind" die eigene Seele ist, eng ... und man möchte nur noch in dem gleißendweißen Licht bleiben ...

F 5. d) Gottheitenbewußtsein und Gesamtbewußtsein

Diese höchste aller Bewußtseinsverbindungen könnte man als Gottes Traum bezeichnen: Die Gottheiten sind die vielen Bilder, die Gott träumt, d.h. erschafft – so wie sich das weiße Licht in einen Regenbogen auffächern kann. Um zu dem Bewußtsein des Einen zu gelangen, ist es daher notwendig, alle Qualitäten in dieser Welt, also alle Gottheiten willkommen heißen zu können und sich selber vollkommen qualitätslos zu machen bzw. sich mit allen nur existierenden Eigenschaften zu erfüllen – was letztlich dasselbe vollkommene Ja zu der Welt als Ganzer ist.

F 5. e) Ekstase und Gesamtbewußtsein

Diese Verbindung von zwei Bewußtseinsformen wird von selber entstehen, da es spätestens ab dem Erreichen des Gottheitenbewußtseins keine Abgrenzungen mehr gibt und da schon auf der Ebene des Tiefschlafbewußtseins die Liebe das zentrale Erlebnis ist: Wenn man das Eine erleben kann und nicht mehr abgegrenzt ist (Gottheitenbewußtsein) und zudem in sich die Liebe der Seele (Tiefschlafbewußtsein) trägt, dann wird man alle Dinge zu lieben beginnen. Da diese Liebe und diese völlige Offenheit auch zu einer völligen Aufmerksamkeit auf jede Person und jedes Ding, dem man begegnet, führen wird, wird diese ständige Konzentration auf das, was da ist, in jeder Situation auch jedesmal zu einer Ekstase führen.

... Gott ist immer für alles offen, Gott ist in Liebe zu jedem kleinsten Teil der Welt, und Gott ist daher in beständiger Ekstase.

Diesen Zusammenhang hat auch schon Buddha durch seine vier Merkmale eines Erleuchteten beschrieben: Die grenzenlose Bejahung („Gleichmut") und die grenzenlose Freundlichkeit ergibt sich aus der Abgrenzungslosigkeit des Gottheitenbewußtseins; die grenzenlose Liebe ergibt sich aus der Liebe als dem Grundzustand der Seele, der sich durch das Gottheitenbewußtsein auf die ganze Welt ausdehnt; und die grenzenlose Freude ist schließlich die durch diese Weitungen entstehende Ekstase.

In dem Einen werden diese vier grenzenlosen Zustände schließlich eins: der von Selbstliebe und Freude erfüllte Tanz des Einen.

F 6. Übersicht über die Bewußtseinsvorgänge

Die folgende Tabelle enthält nur die wichtigsten Verbindungen, also die, die sich auf den normaleren Wegen der Bewußtseinserweiterung finden. So ist es z.B. nicht sehr wahrscheinlich, daß man gleich zu Beginn des Meditierens einer Gottheit begegnet.

Die Tabelle ist nur eine grobe Landkarte und hat auch nur den Zweck einer Landkarte: einen Überblick über das Gelände zu geben, in dem man sich bewegt. Und vielleicht findet eines Tages jemand in diesem Gelände ganz neue Berge und Seen oder einen ganz anderen Weg, um dorthin zu gelangen, wo er hin will. Man sollte generell Bücher und Worte nur als das auffassen, was sie sind: Hinweisschilder, die ganz nützlich sein können, um eine neue Landschaft zu entdecken – aber die Bücher und die Worte sind nicht diese Landschaft selber.

In der folgenden Tabelle stellen die verschiedenen Zeilen die wichtigsten verschiedenen Wege dar, die man von links nach rechts hin gehen kann. Der häufigste Weg ist in der Tabelle dunkelgrau hinterlegt und der zweitwahrscheinlichste grau. Der bisweilen auch auftretende Fall, in dem die Ekstase als erstes erlernt wird, ist hellgrau hinterlegt.

Die untere Zeile, die mit dem Erleben einer Gottheit beginnt, zählt schon zu den ziemlich ungewöhnlichen Wegen – der bekannteste Fall einer solchen Entwicklung ist Paulus' innere Begegnung mit Christus auf dem Weg nach Damaskus (Wachen – Gottheit/Christus – Traum/Vision – Ekstase – Tiefschlaf/Seele/Selbstfindung – Gott).

Einige Entwicklungen sind recht unwahrscheinlich wie z.B. die Verbindung des Wachbewußtseins mit dem Tiefschlaf und der Ekstase, ohne daß vorher das Traumbewußtsein bewußt wird, da die inneren Bilder sowohl durch die Ekstase als auch durch den Tiefschlaf ins Wachbewußtsein geholt werden. Allgemein ist es am wahrscheinlichsten, daß sich die Bewußtheit von dem Wachbewußtsein aus in die danebenliegenden Bewußtseinsformen hinein ausdehnt und dabei keine großen Sprünge macht.

Am wahrscheinlichsten ist daher als erster Schritt die Bewußtwerdung der inneren Bilder, die man durch die eigenen Träume zumindest schon ansatzweise kennt, und der bewußte Umgang mit der Ekstase, die man in der Regel schon durch den Orgasmus kennt.

Darauf folgt dann an das Traumbewußtsein anschließend die Bewußtwerdung des Tiefschlafbewußtseins, dann das Gottheitenbewußtsein usw. Ein Sprung vom Wachbewußtsein gleich in das Gottheitenbewußtsein ist hingegen schon unwahrscheinlich und ebenso ein längeres Unbewußtbleiben der inneren Bilder. Diese eher unwahrscheinlichen Entwicklungen sind in der folgenden Tabelle fortgelassen worden – was nicht bedeutet, daß sie völlig unmöglich sind.

1. Schritt	2. Schritt	3. Schritt	4. Schritt	5. Schritt	6. Schritt
Klärung des Wachbewußtseins: im Hier und Jetzt ganz präsent sein	*Verbindung mit dem Traumbewußtsein:* Traumreisen	*+ Tiefschlaf:* Vision der Seele	*+ Ekstase:* aus der Seele heraus sein	*+ Gottheit:* aus der Gottheit heraus sein	*+ Gott:* „Erleuchtung"
			+ Gottheit: Heimat in der Gottheit	*+ Ekstase:* aus der Gottheit heraus sein	
		+ Ekstase: Kundalini-Yoga	*+ Tiefschlaf:* aus der Seele heraus sein	*+ Gottheit:* aus der Gottheit heraus sein	
			+ Gottheit: ekstatische Vision	*+ Tiefschlaf:* aus der Gottheit heraus sein	
	Verbindung mit dem Tiefschlaf: Schweigen-Meditation, z.B. Zen	*+ Traum:* Vision der Seele	*+ Ekstase:* aus der Seele heraus sein	*+ Gottheit:* aus der Gottheit heraus sein	
			+ Gottheit: Heimat in der Gottheit	*+ Ekstase:* aus der Gottheit heraus sein	
	Verbindung mit der Ekstase: Kundalini-Yoga	*+ Traum:* Kundalini-Yoga	*+ Tiefschlaf:* aus der Seele heraus sein	*+ Gottheit:* aus der Gottheit heraus sein	
	Verbindung mit einer Gottheit: Gebet, Hingabe	*+ Traum:* Vision der Gottheit	*+ Tiefschlaf:* Seele ist Kind der Gottheit	*+ Ekstase:* aus der Gottheit heraus sein	
			+ Ekstase: von der Gottheit erfüllt	*+ Tiefschlaf:* aus der Gottheit heraus sein	
		+ Ekstase: entsteht von selber durch die Hingabe	*+ Traum:* von der Gottheit erfüllt	*+ Tiefschlaf:* aus der Gottheit heraus sein	

G Einige Meditationswege

Die allgemeine Beschreibung der verschiedenen möglichen Meditationswege im vorigen Kapitel läßt sich anhand der verschiedenen traditionellen Meditationsarten auch konkret darstellen.

Die folgende Tabelle ist keineswegs vollständig, sondern enthält nur einige der wichtigeren, d.h. bekannteren Meditationen. Daneben gibt es noch viele Variationen dieser Hauptströmungen und selbst in jeder einzelnen dieser Richtungen gibt es die verschiedensten Ansichten und Lehrer. ... und letztlich muß jeder Meditierende den Weg finden, der für ihn am besten paßt.

Daher sind die folgenden Darstellungen nicht als erschöpfende Beschreibung aller existierenden Möglichkeiten gedacht, sondern nur als Beispiele für die bekannteren Pfade durch die Landschaften des Bewußtseins. Es steht jedem frei, nach neuen Wegen zu suchen oder einzelne Täler oder Berge in dieser Landschaft genauer zu untersuchen.

Die Darstellung in diesem Buch ist vor allem als eine erste Orientierung für diejenigen gedacht, die in diese Landschaft aufbrechen wollen und gerne zumindest eine grob skizzierte Landkarte mitnehmen möchten – die sie dann anhand der eigenen Erfahrungen ergänzen und präzisieren und mit ihren eigenen Bildern und Erlebnissen illustrieren können.

Die folgenden Meditationsarten sind nach der Folge ihres geschichtlichen Auftretens geordnet, wobei die indianischen Meditationen als Beispiel für die Meditationen eines Naturvolkes schon unter den ersten Beispielen stehen, weil die Naturvölker die ursprüngliche Lebensweise der Menschen darstellen.

Die folgenden Darstellungen sind nur Übersichten, da die detaillierte Bechreibung z.B. einer tibetischen Mandala-Meditation bereits ein ganzes Buch füllen würde und es Bücher zu den einzelnen Meditationsrichtungen bereits gibt.

G 1. schamanische „Meditation"

Der Schamanismus ist die älteste Form der Meditation. Diese Meditation beginnt ausgesprochen unfreiwillig mit dem Beinahetod des Meditierenden, aufgrund dessen er von seinem schwebenden Lebenskraftkörper („Astralkörper") aus seinen eigenen materiellen Körper unter sich liegen sieht.

Daran schließen sich dann Übungen in dieser Astralreise mithilfe von erfahrenen Schamanen an, durch die der Neuling lernt, willentlich mit seinem Astralkörper aus seinem materiellen Leib auszutreten.

Das Ziel dieser Astralreisen sind die Ahnen, denen man dabei an der Schwelle zum Jenseits begegnen kann, sowie die eigene Seele, die man ebenfalls an dieser Schwelle trifft – da der Jenseitsfluß eben die Schwelle zwischen den Seelen der Menschen (ob nun gerade lebend oder tot) und der materiellen Welt ist.

Diese Fähigkeit zur Astralreise entspricht dem Erreichen des Traumzustandes, auch wenn man bei der Astralreise am Jenseitsfluß die eigene Seele und die Ahnen trifft, da diese Wahrnehmungen zunächst noch Visionen der Seelen sind und keine direkte Wahrnehmung der eigenen Seele und der Seelen der Ahnen. Trotzdem ist dies natürlich ein sehr intensives Erlebnis, durch das auch ein realer Zugang zu der eigenen Seele entsteht – ähnlich wie durch die Traumreise zur eigenen Mitte. Man sieht bei diesem Erlebnis die „Spiegelung" der Seele im Bereich der Lebenskraft.

Anschließend an ihr Nahtod-Erlebnis erlernen die Schamanen dann in der Regel systematisch die Traumreise, in der man nicht aus dem materiellen Körper austritt, sondern die Bilder innerhalb des materiellen Körpers erkundet. Genaugenommen sind beide Methoden derselbe Bewußtseinszustand, nur das sich bei der Astralreise die Aufmerksamkeit und die Wahrnehmungen des Lebenskraftkörpers nach außen richten und bei der Traumreise nach innen.

Bei der Suche nach Wegen, den Astralaustritt gezielt zu erreichen, haben die Schamanen auch die alten magischen Techniken der Ekstase benutzt, die daraus bestehen, daß man sich vollständig in ein einziges Bild hineinsteigert – im Jagdzauber konzentriert man sich z.B. völlig auf das Bild des erlegten Wildes.

Auch für die Traumreise wird es Vorläufer gegeben haben, da anzunehmen ist, daß es auch in der Steinzeit so wie heute ab und zu Menschen gegeben haben wird, die in der Lage waren, die Lebenskraft hellsichtig wahrzunehmen. Und man kann vermuten, daß sich die Menschen schon immer gefragt haben werden, was wohl die Bedeutung der nächtlichen Träume sein wird.

Der Schamane verfügt in der Regel also über drei bewußt erreichbare Zustände: das Wachbewußtsein, das Traumbewußtsein (Astralreise/Traumreise) und den Ekstasezustand. Die Traumreise und die Astralreise werden in der Regel als symbolischer Tod dargestellt, während der Ekstasezustand meistens als Tanz abgebildet wird – eben weil die „Totenstarre" die Voraussetzung für die allermeisten Fälle von Astralreisen darstellt und der Tanz die älteste, einfachste und effektivste Ekstasemethode ist.

Wenn der Schamane bei seinem Nahtod-Erlebnis noch sehr jung war, wird er vermutlich die Ekstasemethoden des Jagdzaubers noch nicht beherrschen; wenn er hingegen schon älter war, kann es gut sein, daß ihm diese Methoden schon geläufig sind.

schamanische Meditation (sehr junger Schamane)						
	Ekstase	Wachen	Traum	Tiefschlaf	Gottheit	Gott
normal		Wachen				
1. Schritt		Wachen	Astralreise/ Traumreise			
2. Schritt	Ekstase-Tanz	Wachen	Astralreise/ Traumreise			

Bei einem Jäger, der schon in den Ekstasetechniken geübt war, bevor er durch ein Nahtoderlebnis und das darauffolgende Üben der Astralreise und der Traumreise zum Schamanen wurde, sähe die Entwicklung wie folgt aus:

schamanische Meditation (erfahrener Jäger)						
	Ekstase	Wachen	Traum	Tiefschlaf	Gottheit	Gott
normal		Wachen				
1. Schritt	Ekstase-Tanz	Wachen				
2. Schritt	Ekstase-Tanz	Wachen	Astralreise/ Traumreise			

Diese Formen der Meditation sind auch aus späterer Zeit gut bekannt wie z.B. das Utiseta („Draußensitzen") der Germanen und die ihm entsprechenden Methoden der Druiden, bei dem sie sich in ein Kuhfell hüllten und dann mit den Toten sprachen. Dieselbe Tradition findet sich z.B. auch bei den ägyptischen Sem-Priestern, also bei den vor allem bei Bestattungen tätigen ägyptischen Schamanen, die in diesem Zusammenhang in einer Traumreise ins Jenseits gingen und die Seele des Verstorbenen in seine Mumie bzw. Statue zurückholten, damit sie weiterhin bei ihren Nachkommen war, die sich die magische Hilfe ihrer Vorfahren ersehnten.

Das Kuhfell, in das sich diese Schamanen hüllten, symbolisiert die kuhgestaltige Muttergöttin. In solch ein Kuhfell hüllte man auch die Toten, damit sie sich symbolisch in der Muttergöttin befanden und dann im Jenseits von ihr wiedergeboren wurden. Aus diesem Brauch haben die Schamanen diese Jenseitsreisesymbolik übernommen, da sie ja wie die Toten selber ebenfalls auf dem Weg ins Jenseits reisten.

G 2. sumerisch-ägyptische Meditation

Leider ist von den Sumerern und den Ägyptern nur sehr wenig konkretes über ihre Meditationen bekannt. Sie kannten aber zumindest die Methode des Schweigens an ruhigen Orten, um sich zu besinnen und mit ihrer Seele, die die Ägypter die „Gottheit im eigenen Herzen" nannten, zu sprechen. Einige solcher Dialoge sind sogar von den Ägyptern aufgeschrieben und überliefert worden.

Da die eigenen Seele und die Orientierung an ihr für beide Völker sehr wichtig war und sie der Ansicht waren, daß ein Mensch ohne den Kontakt zu seiner Seele nichts erreichen kann und alle Dinge sehr anstrengend werden, kann man davon ausgehen, daß beide Völker zumindest die Traumreise beherrschten, die aus den Bestattungsritualen von ihren Schamanen-Priestern, also von dem ägyptischen Sem-Priester und dem sumerischen Machu-Priester, auch gut bekannt ist.

Man wird davon ausgehen können, daß nicht jeder Sumerer und jeder Ägypter ein Nahtoderlebnis gehabt haben und daher die Astralreise beherrscht haben wird, aber sie werden zumindest so ausreichende Fertigkeiten in der Traumreise besessen haben, daß sie innerlich den Kontakt mit ihrer Seele aufnehmen, d.h. eine Vision von ihrer Gottheit erlangen konnten.

Im Kult vor allem der Muttergöttin kannten beide Völker auch den Ekstasetanz, sodaß sie zumindest ansatzweise in drei verschiedenen Bewußtseinsformen zuhause gewesen sein werden.

Da der ekstatische Kult der Muttergöttin ein kollektiver Vorgang gewesen ist, kann man vermuten, daß dieser Bewußtseinszustand als erste Erweiterung zum Wachzustand erlernt wurde und daß die Traumreise bzw. das innere Schauen dann als zweites durch persönliches Engagement entdeckt werden konnte.

Dies entspricht von der Struktur her den Zusammenhängen im Schamanismus.

sumerisch-ägyptische Meditation						
	Ekstase	Wachen	Traum	Tiefschlaf	Gottheit	Gott
normal		Wachen				
1. Schritt	Ekstase	Wachen				
2. Schritt	Ekstase	Wachen	Traumreise			

G 3. indianische Meditation

Ein recht ähnlicher Stand wie bei den Schamanen oder bei den Ägyptern und Sumerern findet sich auch bei den meisten Naturvölkern wie z.B. bei den Indianern. Ein wichtiger Aspekt bei den meisten Naturvölkern, der sich bei den Sumerern und Ägyptern nicht beschrieben findet, ist die bewußte Suche nach der Vision der eigenen Seele zum Beginn der Pubertät – also die Visionssuche, bei der außer der eigenen Seele in der Regel auch das eigene Krafttier gefunden wird.

Man kann vermuten, daß es etwas ähnliches wie diese Visionssuche auch bei den Sumerern und den Ägyptern gegeben haben wird, da bei ihnen die Wichtigkeit der Kenntnis der eignen Seele immer wieder betont wird – allerdings sind keine Beschreibungen solcher Visionssuchen bekannt, weshalb die Suche nach der eigenen Seele bei diesen beiden Völkern in der historischen Zeit, also nach Beginn der schriftlichen Überlieferung vor 5.000 Jahren, vermutlich keine feste Tradition mehr gewesen sein wird, sondern eher auf dem persönlichen Engagement der einzelnen Menschen beruht haben wird. Für diese Annahme spricht auch, daß die Orientierung an der eigenen Seele in den damaligen Weisheitslehren ausdrücklich empfohlen wurde – was in dem Fall, daß jeder Ägypter und Sumerer zu Beginn seiner Pubertät eine Visionssuche unternahm, nicht nötig gewesen wäre.

Bei allen Völkern, die den Schamanismus oder die Visionssuche kennen, findet sich auch immer eine „Landkarte" der Bewußtseinszustände in der Form von Mandalas, Zeichnungen auf dem Fell der Schamanentrommeln oder von Mythen. Diese „Landkarten" erleichterten dann das Zurechtfinden in den inneren Bewußtseinswelten. Der Jenseitsfluß ist z.B. die Markierung zwischen dem Traumbewußtsein und dem Tiefschlafbewußtsein, also zwischen dem Bereich der Lebenskraft und somit auch der Psyche einerseits und dem Bereich der Seelen andererseits.

Die Schamanen und einige andere Stammesmitglieder werden dann anschließend an ihre Visionssuche diese Fähigkeit zur Wahrnehmung innerer Bilder zu einer allgemeinen Fähigkeit weiterentwickelt haben und somit im Traumbewußtsein wahrnehmungs- und handlungsfähig geworden sein (Traumreisen und Imaginationen).

Man kann auch hier vermuten, daß aufgrund der kollektiven Jagd-, Fruchtbarkeits- und Regentänze usw. zuerst die Ekstase und dann die Traumreise erlernt wurde.

indianische Meditation						
	Ekstase	Wachen	Traum	Tiefschlaf	Gottheit	Gott
normal		Wachen				
1. Schritt	Ekstase	Wachen				
2. Schritt	Ekstase	Wachen	Visionssuche			

G 4. Hatha-Yoga

Das indische Yoga umfaßt viele verschiedene Methoden. Die klassische Gliederung des Yoga besteht aus vier Arten des Yoga mit einigen Unterarten:

1. Hatha-Yoga (Körperübungen)
2. Laya-Yoga (Bewußtseinsübungen)
   a) Bakhti-Yoga (Liebe)
   b) Shakti (Muttergöttin)
   c) Mantra (Mantra-Meditationen)
   d) Yantra (Mandala-Meditationen)
3. Dhyana-Yoga (Gedankenstille)
4. Raja-Yoga („Königs-Yoga")
   a) Inana-Yoga (Weisheit)
   b) Karma-Yoga (Freiheit)
   c) Kundalini-Yoga (Lebenskraft)
   d) Samadhi-Yoga (Erleuchtung)

Das Hatha-Yoga ist heutzutage im Westen am bekanntesten. Sein zentrales Thema ist der Atem und die Lenkung der mit dem Atem verbundenen Lebenskraft (Prana) im Körper, wozu verschiedene Körperhaltungen benutzt werden. Er ist der vorbereitende Yoga für alle anderen Yogas. Der Name Hatha leitet sich von Ha=Sonne (= durch das rechte Nasenloch atmen; männlich) und Tha=Mond (=durch das linke Nasenloch atmen; weiblich) ab. Diese beiden Arten des Atems werden im Hatha-Yoga vereinigt. Diese Vereinigung der beiden Atemarten sind auch ein wesentliches Element in den Meditationen des tibetischen Buddhismus. Erst wenn der Atem beherrscht wird ("Pranayama"), können die höheren Yoga-Arten sinnvoll geübt werden.

Die Vereinigung der beiden Arten von Atem entsprechen auch der Vereinigung von Gott und Göttin in den Mythen und auch der Vereinigung des Toten im Jenseits mit der Muttergöttin, durch die er in den jungsteinzeitlichen Vorstellungen und in den frühen Mythen aus der Epoche des Königtums seine eigene Seele zeugt. Die Vereinigung des inneren Frauenbildes mit dem inneren Männerbild ist auch eine der Methoden, um die eigene Seele zu erkennen.

Dieses Yoga, der zunächst wie schwierige und komplexe Gymnastikübungen aussieht, ist keine körperliche Ertüchtigung, sondern eine körperliche Unterstützung bei dem Bestreben, die Lebenskraft im eigenen Körper wieder frei fließen zu lassen. Daher bezieht sich dieses Yoga auf die Lebenskraft und somit auf den Traumzustand.

Die vielen Haltungen des Hatha-Yoga sind eine Weiterentwicklung und Differenzierung der beiden körperlichen Grundhaltungen der Schamanen, also der Totenhaltung bei der Astralreise und bei der Traumreise sowie des Tanzes bei der Ekstase.

Das Hatha-Yoga ist vor allem eine Erweiterung des Wachbewußtseins auf das Traumbewußtsein, also auf die Wahrnehmung der Lebenskraft. Durch die körperlichen Übungen fördert dieses Yoga aber zugleich auch die Klärung und die Präsenz des Wachbewußtseins.

Hatha-Yoga						
	Ekstase	Wachen	Traum	Tiefschlaf	Gottheit	Gott
normal		Wachen				
1. Schritt: Hatha-Yoga		Wachen	Lebenskraft			

G 5. Laya-Yoga

In diesem Yoga wird die Klarheit des Wachbewußtseins geübt, also nach der bewußten Kontrolle und Steuerung der Bewußtseinsvorgänge gestrebt. Laya-Yoga bedeutet "Beherrschung der Bewegung", wobei mit den Bewegungen die Bewegungen innerhalb des Bewußtseins gemeint sind. Dazu gehören die folgenden vier Yogas:

a) Bhakti-Yoga: In diesem Yoga wird die Kraft der Liebe entwickelt und gereinigt und verstärkt. Sie richtet sich zum einen auf den Lehrer und zum anderen auf die Gottheit, zu der der Lehrer für den Schüler einen "Kanal" bildet. Das Ziel dieses Yogas ist die Invokation, die Vereinigung mit der Gottheit.

b) Shakti-Yoga: Dieses Yoga ist eine höhere Form des Hatha-Yogas. Während im Hatha-Yoga der Fluß der Lebenskraft (Prana) im Körper erforscht, kennengelernt und gelenkt wird, führt das Shakti-Yoga zu der Quelle dieser Lebenskraft in der Muttergöttin, der Shakti. Dieses Yoga der Liebe zur Lebenskraft in einem selber, in anderen Menschen und in der gesamten Natur führt letztlich zum Urvertrauen zurück. Er hat von der Ausrichtung her einige Ähnlichkeit mit indianischen Schwitzhütten.

c) Mantra-Yoga: Ein Mantra ist ein Buchstabe, eine Silbe, ein Wort oder ein Vers, der einen bestimmten spirituellen und philosophischen Inhalt hat. Durch das ständige Wiederholen dieses Mantras baut man in sich die Schwingung dieses Mantras und gleichzeitig dessen, was dieses Mantra ausdrückt, auf. Dadurch wird eine enge Verbindung mit der Gottheit, auf die sich das Mantra bezieht, hergestellt.

d) Yantra-Yoga: Ein Yantra ist eine meist einfache geometrische Form, die einen spirituellen und philosophischen Inhalt darstellt. Durch die innere Visualisierung dieses Yantras wird die Verbindung zu der Gottheit, für die es steht, immer intensiver.

Das Laya-Yoga ist also ein Yoga der Vereinigung mit einer Gottheit (Invokation), der mit der liebenden Verehrung der Gottheit (Bhakti-Yoga) beginnt, und dann durch das Erfassen der Lebenskraft dieser Gottheit (Shakti-Yoga) erweitert wird, anschließend durch das ständige Wiederholen des Mantras dieser Gottheit (Mantra-Yoga) fortgeführt wird, und schließlich durch das lebhafte Visualisieren des graphischen Symboles dieser Gottheit (Yantra-Yoga) weiter gesteigert wird.

Die Vorstufe zum Laya-Yoga ist das Hatha-Yoga, sodaß die Bewußtheit im Bereich der Lebenskraft und somit des Traumbewußtseins der Ausgangspunkt des Laya-Yogas ist.

Laya-Yoga						
	Ekstase	Wachen	Traum	Tiefschlaf	Gottheit	Gott
normal		Wachen				
1. Schritt: *Hatha-Yoga*		Wachen	Lebenskraft			
2. Schritt: *Laya-Yoga*		Wachen	Lebenskraft		Invokation	

G 6. Dhyana-Yoga

Das Dhyana-Yoga befaßt sich mit den Gedanken. Das Ziel ist die vollständige Beherrschung der Denkvorgänge, also auch das Erreichen der vollständigen Gedankenstille, in der nur das Bewußtsein ohne irgendwelche Inhalte (Bilder, Gedanken, Gefühle) übrigbleibt. Das Dhyana-Yoga ist eine notwendige Voraussetzung für das Samadhi-Yoga und gilt als eine der zentralen Yoga-Übungen.

Die Voraussetzung für dieses Yoga ist in der klassischen Yoga-Lehre das Laya-Yoga und somit auch das Hatha-Yoga. Das Hatha-Yoga läßt die Lebenskraft und das Traumbewußtsein bewußt werden und das Laya-Yoga ruft mithilfe der durch die Bewußtheit im Traumbereich möglichen Imaginationsmethoden die Hilfe einer Gottheit herbei. Schließlich identifiziert man sich mit dieser Gottheit, d.h. man erlangt das Gottheitenbewußtsein oder zumindest eine lebhafte Vision der Gottheit.

Das Hatha- und das Laya-Yoga sind die beiden „bilderaufbauenden Methoden des Yoga". Die nun folgenden beiden Yogas sind die beiden „bildauflösenden Methoden". Durch sie gelangt man zunächst einmal in das Schweigen des Tiefschlafbewußtseins und somit zum Erleben der eigenen Seele.

Dhyana-Yoga						
	Ekstase	Wachen	Traum	Tiefschlaf	Gottheit	Gott
normal		Wachen				
1. Schritt: Hatha-Yoga		Wachen	Lebenskraft			
2. Schritt: Laya-Yoga		Wachen	Lebenskraft		Invokation	
3. Schritt: Dhyana-Yoga		Wachen	Lebenskraft	Schweigen	Invokation	

G 7. Raja-Yoga

Der Name dieses Yogas bedeutet "Königs-Yoga" und hat diesen Namen erhalten, weil er die höchste Stufe des Yogas darstellt.

a) Inana-Yoga: Dieses "Weisheits-Yoga" nutzt den Verstand, um ein klares Urteil über die eigene Situation und die Entschlüsse zum weiteren Handeln zu erhalten. Dieses Yoga ist bezieht sich auf das Wachbewußtsein.

b) Karma-Yoga: Dieses "Yoga der Taten" strebt nach dem rechten Handeln. Die Früchte dieses Handelns werden dem spirituellen Wachstum aller fühlenden Wesen gewidmet. Das Karma-Yoga wird als die Grundlage jedes echten spirituellen Fortschrittes angesehen. Auch dieses Yoga bezieht sich auf das Wachbewußtsein.

c) Kundalini-Yoga: Dieses "Yoga des Schlangenfeuers" ist eine höhere Form des Hatha-Yogas und des Laya-Yogas, da durch dieses Yoga die Lebenskraft im eigenen Körper zu voller Kraft entfaltet wird. Dabei entsteht im untersten Chakra ein inneres Feuer, das dann zum obersten Chakra aufsteigt und dabei alle anderen Chakren erweckt und reinigt. Dieser Aufstieg wird als die Vereinigung der weiblichen Kraft im untersten Chakra (Shakti) mit der männlichen Kraft im obersten Chakra (Shakta) angesehen. Diese archaische Symbolik der sexuellen Vereinigung von Mann und Frau weist schon auf das große Alter dieses Yogas hin. Diese Symbolik entspricht dem Namen Hatha: Ha = Sonne/Mann und Tha = Mond/Frau. Dieser Yoga bezieht sich auf die Lebenskraft und somit auf das Traumbewußtsein.

d) Samadhi-Yoga: Dieser höchste aller Yogas bezieht sich wieder auf das Bewußtsein und wird "Auflösen des Tropfens im Meer" genannt. Er entspricht der buddhistischen Vorstellung der Leere bzw. des Nirvanas. Dieses Yoga bezieht sich auf das Tiefschlafbewußtsein und zugleich auf das Gottesbewußtsein.

Der Raja-Yoga beginnt mit dem Streben nach Weisheit (Inana-Yoga), aus dem dann das rechte Handeln entspringt (Karma-Yoga), das dann seinerseits das freie Fließen der gesamten Lebenskraft im eigenen Körper ermöglicht (Kundalini-

Yoga), durch das dann der letzte Schritt, die Erkenntnis und das Erlebnis der Einheit von Seele („Atman") und dem Einen-Alles-Einzigen („Brahman"), möglich wird.

Durch das Kundalini-Yoga wird als vorletzter Schritt auch das Ekstase-Bewußtsein integriert.

Man kann annehmen, daß die Invokation einer Gottheit im Laya-Yoga nicht schon bis zu dem Gottheiten-Bewußtsein führen wird, sondern zunächst nur die Vision einer Gottheit hervorruft, weshalb sich in der untenstehenden Tabelle die Invokation eher auf die Methode als auf das tatsächliche, direkte Erleben einer Gottheit bezieht, das wahrscheinlich erst im Dhyana-Yoga oder im Raja-Yoga auftreten wird, in denen man lernt, die Inhalte des Traumbewußtseins verstummen zu lassen (Dhyana-Yoga) und die eigenen Grenzen loszulassen (Raja-Yoga), was beides Voraussetzungen für das direkte Erleben einer Gottheit, das länger als einen kurzen Augenblick dauert, sind.

Raja-Yoga						
	Ekstase	Wachen	Traum	Tiefschlaf	Gottheit	Gott
normal		Wachen				
1. Schritt: *Hatha-Yoga*		Wachen	Lebenskraft			
2. Schritt: *Laya-Yoga*		Wachen	Lebenskraft		Invokation	
3. Schritt: *Dhyana-Yoga*		Wachen	Lebenskraft	Schweigen	Invokation	
4. Schritt: *Raja-Yoga (1)*	Kundalini	Wachen	Lebenskraft	Schweigen	Invokation	
5. Schritt: *Raja-Yoga (2)*	Kundalini	Wachen	Lebenskraft	Schweigen	Invokation	Einheit

G 8. taoistische Meditation

Lao-tse hat keine systematischen Meditationsanleitungen gegeben, sondern eine sinnvolle Lebenshaltung beschrieben. Trotzdem ergibt sich daraus ein Verhalten, das in etwa einer Meditationsmethode entspricht.

Zunächst empfiehlt Lao-tse immer wieder, sich im Hier und Jetzt zu sammeln und ganz präsent zu sein. In dieser Gegenwärtigkeit sollte man Lao-tse zufolge danach streben, mit den Dingen mitzufließen und wie Wasser seine Form zu wandeln, aber dabei sein eigenes Wesen bewahren. Dies entspricht dann in etwa der Wahrnehmung der Lebenskraft und somit dem Traumbewußtsein.

Diese Haltung wird dann durch das Vertrauen in das Tao verstärkt, das zugleich wie die Muttergöttin und wie das Eine ist. Das Tao wird zwar nirgendwo als Gottheit beschrieben, aber durch den Vergleich mit der Muttergöttin und auch durch seine Wirkung entspricht es einer Gottheit – es schützt und nährt und fördert und gibt Geborgenheit. Da es zugleich der Ursprung und das eigentliche Wesen aller Dinge ist, ist es auch das Eine.

Der Zustand der Ekstase wird im Tao-Tê-King des Lao-tse nicht explizit erwähnt. Man könnte lediglich die große Lebendigkeit, die durch das „dem Tao folgen" entsteht und Tê genannt wird, als den Zustand der Ekstase auffassen – zumindest hat das Tê durch seine Lebendigkeit und durch seine magische Wirkung der spontanen Wunscherfüllung einige wesentliche Merkmale der Ekstase.

Die zentrale taoistische Methode des Nicht-tun („Wu-Wei"), also des Geschehenlassens und der Bejahung und des Schweigens ist von seiner Beschreibung her dem Tiefschlafbewußtsein sehr ähnlich.

Daraus ergibt sich folgende Struktur der taoistischen Lebenshaltung und Meditation:

1. Die taoistische Meditation beginnt beim Wachbewußtsein,

2. erweitert dieses dann um die Wahrnehmung der Lebenskraft und seiner Bewegungen in allen Dingen und dem eigenen Mitfließen mit diesen Bewegungen (Traumbewußtsein),

3. strebt durch das Nicht-Tun nach dem Einklang mit der Welt (Tiefschlafbewußtsein),

4. vertraut sich dann dem Tao als der Muttergöttin (Gottheitenbewußtsein) und als dem Einen (Gottesbewußtsein) an und erreicht

84

dadurch das freie Fließen der Lebenskraft,

5. woraufhin das Tao in diesem freien Fließen dann magisch alle Wünsche erfüllt (Ekstasezustand).

taoistische Meditation						
	Ekstase	Wachen	Traum	Tiefschlaf	Gottheit	Gott
normal		Wachen				
1. Schritt		Wachen	Fließen			
2. Schritt		Wachen	Fließen	Nicht-Tun		
3. Schritt	Tê	Wachen	Fließen	Nicht-Tun		
4. Schritt	Tê	Wachen	Fließen	Nicht-Tun	Muttergöttin	
5. Schritt	Tê	Wachen	Fließen	Nicht-Tun	Muttergöttin	Tao

G 9. buddhistische Meditation (Hinayana)

Im Buddhismus gab es drei wesentliche Epochen oder Strömungen:

> Die erste und älteste ist der Hinayana-Buddhismus („Kleines Fahrzeug"), der beschreibt, wie man durch ausdauernde Übung die eigene Erleuchtung erlangt.
> Die zweite ist der Mahayana-Buddhismus („Großes Fahrzeug"), der beschreibt, wie man durch Übung und Mitgefühl alle Lebewesen zur Erleuchtung helfen kann.
> Die dritte ist der Vajrayana-Buddhismus („Diamant-Fahrzeug"), der beschreibt, wie man durch große Entschlossenheit und vielfältige, effektive, aber auch anstrengende Methoden innerhalb einer Inkarnation die Erleuchtung erlangen und zugleich für alle anderen Lebewesen förderlich sein kann.

Der ursprüngliche und älteste Buddhismus („Hinayana") besteht

> 1. aus dem rechten Lebenswandel (Wachbewußtsein),

> 2. der Konzentration auf einen einzigen Gegenstand, die zunächst zur Imaginationsfähigkeit (Traumbewußtsein),

> 3. dann zur Freude (Ekstasebewußtsein)

> 4. und schließlich zu der inneren Stille führt (Tiefschlafbewußtsein),

> 5. in der man dann die Einheit der Seele mit dem Einen erkennt, was gleichbedeutend ist mit der Erkenntnis, daß die Seele nicht aus sich selber heraus existiert, sondern nur ein Aspekt der einen Realität ist, die im Buddhismus Nirvana genannt wird (Gottesbewußtsein).

Das Gottheitenbewußtsein wird in dieser Form des Buddhismus nicht explizit beschrieben.

buddhistische Meditation (Hinayana)						
	Ekstase	**Wachen**	**Traum**	**Tiefschlaf**	**Gottheit**	**Gott**
normal		Wachen				
1. Schritt		Wachen	Imagination			
2. Schritt		Wachen	Imagination	Stille		
3. Schritt	Freude	Wachen	Imagination	Stille		
4. Schritt	Freude	Wachen	Imagination	Stille		Nirvana

G 10. buddhistische Meditation (Mahayana)

Das Mahayana verhält sich zum Hinayana in etwa so wie das Neue Testament zum Alten Testament: Das Mahayana baut auf dem Hinayana auf und stellt statt des Meditierens als Einsiedler die Nächstenliebe in das Zentrum. Das Mahayana betont, daß die eigentliche Erleuchtung nur von allen Lebewesen gemeinsam erreicht werden kann, da die Trennung der Lebewesen voneinander eine Illusion ist. Daher werden im Mahayana alle guten Taten und alle Meditationen dem Wachstum und der Heilung aller Lebewesen gewidmet – was unter anderem der christlichen Nächstenliebe entspricht.

Im Mahayana erscheint Buddha als Vorbild und als gottheitenähnliche Helfer-Gestalt – so wie Christus im Neuen Testament. Im Mahayana finden sich daher auch die ersten Ansätze zu einer Identifikation mit Buddha (Invokation) – so wie sich auch die christlichen Mönche in ihren Kontemplationen mit Christus identifizieren. Im Hinayana fehlte im Gegensatz zum Mahayana diese Ebene der Gottheiten.

Die Identifizierung mit Buddha und die Liebe zu allen Wesen sind die beiden wesentlichen Neuerungen des Mahayana. Die Liebe ist die aktive Seite der Stille, da die Stille und die Hingabe einer der Wege ist, durch die man die eigene Seele im inneren Schweigen finden kann, und die Liebe die eigentliche Qualität der Seele ist.

Im Mahayana-Buddhismus tritt die Liebe als Ausdruck des Herzchakras ergänzend neben die Stille, durch die die Einsiedler des Hinayana-Buddhismus die eigene Seele finden – was ja eine in sich logische Entwicklungsfolge ist.

Nachdem der Meditierende durch seinen symbolischen Tod durch das vollkommene innere Schweigen die eigene Seele gefunden hat (Tiefschlafbewußtsein), beginnt der Meditierende das Leuchten der eigenen Seele im Herzchakra bewußt zu erleben – und dieses Leuchten ist nichts anderes als eine grenzenlose Liebe.

Diese Liebe läßt genauso wie das Schweigen den Ekstasezustand der unbegrenzten Freude entstehen.

Im Mahayana wird zwar fast von Anfang an die Identifikation mit Buddha angestrebt, aber diese wird erst im Verlauf der Meditation erreicht, weshalb das Gottheitenbewußtsein in der folgenden Aufstellung erst weiter unten erscheint.

buddhistische Meditation (Mahayana)						
	Ekstase	**Wachen**	**Traum**	**Tiefschlaf**	**Gottheit**	**Gott**
normal		Wachen				
1. Schritt		Wachen	Imagination			
2. Schritt		Wachen	Imagination	Liebe		
3. Schritt	Freude	Wachen	Imagination	Liebe		
4. Schritt	Freude	Wachen	Imagination	Liebe	Invokation	
5. Schritt	Freude	Wachen	Imagination	Liebe	Invokation	Nirvana

G 11. avestische Meditation

Von den Meditationen des Zarathustra ist nicht sehr viel bekannt. Ein wesentliches Element ist die Konzentration auf den einen Gott, der im Zend Avesta des Zarathustra Ahura Mazda genannt wird. Diese Grundhaltung bezieht sich also auf den einen Gott und auf die Ekstasemethoden der Konzentration.

Zarathustra betont wie Buddha und Lao-tse sehr stark die Bewußtheit und Eigenständigkeit des Menschen und seine Verantwortung für sein eigenes Leben. Diese Ausrichtung ist letztlich eine Stärkung und Klärung des Wachbewußtseins und der eigenen Urteils- und Entscheidungsfähigkeit.

In dieser alten persischen Religion gibt es noch einige weitere Gottheiten, insbesondere Asha, den Berater des Ahura Mazda, der die Harmonie, die Ordnung und den Zusammenhang zwischen allen erschaffenen Dingen darstellt – Asha ist die Schönheit der Schöpfung. Da Asha oft als Helfer angerufen wurde, kann man ihn innerhalb dieser Religion als den Vertreter des Gottheiten-Bewußtseins ansehen, aber er spielte innerhalb der Meditationen vermutlich eher eine Nebenrolle.

Man kann davon ausgehen, daß auch im Avesta die Imagination eine wichtige Rolle spielte, da das gemeinsame Gebet mit erhobenen Armen im Kreis um den Feueraltar des Ahura Mazda die Imagination stark angeregt haben wird und das Feuer als das Symbol der Lebenskraft des Ahura Mazda in allen Dingen deutlich werden ließ – so wie später die Flammen des heiligen Geistes.

Zarathustra, der zur gleichen wie Buddha und Lao-tse lebte, hat eine siebenstufige Reihenfolge des spirituellen Wachstums und der Übungen aufgestellt, die aber weder so systematisch wie die achtfache Lehre des Buddha noch so realitätsbezogen wie die Verse des Lao-tse sind, sodaß sich aus ihnen nur die große Bedeutung der Andacht und der Versenkung erkennen läßt.

Die Folge der avestischen Meditationen kann daher nur rekonstruiert werden. Sie begann sehr wahrscheinlich mit dem Üben des klaren und urteilsfähigen Wachbewußtseins, das Zarathustra in das Zentrum seiner Bestrebungen stellte. Der nächste praktische Schritt ist die Verehrung des Ahura Mazda. Die Hilfsmittel dabei sind die Konzentration und vermutlich auch die Imagination, also der Ekstasezustand und das bewußte Erlangen des Traumbewußtseins. Eine Nebenrolle spielt dabei Asha als helfende Gottheit.

avestische Meditation						
	Ekstase	**Wachen**	**Traum**	**Tiefschlaf**	**Gottheit**	**Gott**
normal		Wachen				
1. Schritt		Wachen	Imagination			
2. Schritt	Konzentration	Wachen	Imagination			
3. Schritt	Konzentration	Wachen	Imagination		(Asha)	
4. Schritt	Konzentration	Wachen	Imagination		(Asha)	Ahura Mazda

G 12. christliche Meditation

Im Mittelpunkt der verschiedenen christlichen Meditationen steht fast immer die Identifikation mit Christus. Die wichtigste Methode dafür ist das Lesen des Neuen Testamentes, bei dem man sich vorstellt, die beschriebenen Szenen aus der Sicht Christi zu erleben. Diese Methode ist eine Imaginationsmethode und fördert daher die Integration des Traumbewußtseins. Das Ziel dieser Methode ist das Gottheiten-bewußtsein, das Christus entspricht.

Diese Konzentration auf Christus führt wie jede Form der hohen Konzentration notwendigerweise zum Ekstasezustand, der im allgemeinen als eine große Freude beschrieben wird. Diese Freude beschreibt auch Christus selber und sieht sie als eine Folge seiner Verbundenheit mit Gott an.

Im Gegensatz zum täglichen Kult im Christentum, der fast vollständig um Christus kreist, findet sich bei den Mystikern auch Gott Vater, der als das eigentliche Ziel angesehen wird. Der heilige Geist ist der Helfer und ist oft als die Lebenskraft erkennbar.

Der Weg vom Alltag zu Gott wird von den christlichen Mystikern häufig in sechs Abschnitte unterteilt:

1. Alltag
2. Streben nach Gott
3. Erste schwarze Nacht: Auflösung der Ängste und Süchte
4. Streben nach Gott
5. Zweite schwarze Nacht: Auflösung der Ichbezogenheit
6. Erkennen Gottes

Diese Folge zeigt, daß das Traumbewußtsein, also die Wahrnehmung der inneren Bilderwelt, vor allem durch das Streben nach Gott, also nach der Wahrheit bewußt wird – wie bei einer Therapie, in der die eigenen Ängste und Süchte bewußt werden. Dieser Vorgang wird in der Regel als Versuchung und Folter durch die verschiedensten Dämonen und den Teufel erlebt. Die eigentliche Methode ist dabei die Ausrichtung auf Gott Vater, also das Streben nach der Wahrheit. Diese Vorgänge spielen sich im Bereich der Lebenskraft ab, die im Christentum durch den Heiligen Geist dargestellt wird.

Nach dieser ersten schwarzen Nacht der Mystiker tritt die Freude auf, die durch die nun immer erfolgreichere Konzentration auf Gott Vater und den damit verbundenen ekstatischen Zustand hervorgerufen wird. Nach dem Ende der ersten schwarzen Nacht tritt die Liebe zu allen Lebewesen, also die spontane Nächstenliebe auf, die aus dem Kontakt zu der eigenen Seele heraus entsteht.

Die weitere Konzentration auf Gott Vater löst schließlich die Ichbezogenheit auf, also die Illusion, daß die eigene Seele aus sich heraus existiert und unsterblich ist. Durch diesen Vorgang entsteht die zweite große Krise, die zweite schwarze Nacht der Mystiker genannt wird. Durch sie wird zunächst das Gottheitenbewußtsein (Christus) und im nächsten Schritt dann schließlich das Gottesbewußtsein (Gott Vater) erreicht, in dem alles als eine Einheit erlebt wird.

In der ersten schwarzen Nacht erlebt man seine inneren Bilder (Traumbewußtsein) und in der zweiten schwarzen Nacht erlebt man das Bewußtseinskontinuum, das dann zum einen deutlich macht, daß die Seele nichts abgegrenztes, dauerhaftes und Unveränderliches ist und es werden in der zweiten schwarzen Nacht zum anderen durch das Auflösen jeder Abgrenzung restlos alle Dinge bewußt (Gottheitenzustand). Dieser letzte Aspekt der vollkommenen Bewußtheit bzw. Allwissenheit wird am deutlichsten im Buddhismus beschrieben.

Bei dem Streben nach Gott Vater spielt die Identifikation mit Christus meistens, aber nicht immer eine große Rolle. Das Christusbewußtsein und das Gottesbewußtsein werden, obwohl die Konzentration auf diese beiden die Hauptmethode ist, in der Regel erst am Ende der erfolgreichen Meditationen erreicht.

Die Konzentration auf Gott wurde vor allem im frühen Christentum durch eine Mantrameditation unterstützt, bei der man den ganzen Tag über innerlich den Namen Gottes sprach.

christliche Meditation						
	Ekstase	Wachen	Traum	Tiefschlaf	Gottheit	Gott
normal		Wachen				
1. Schritt		Wachen	1. Nacht: Heiliger Geist			
2. Schritt	Freude	Wachen	1. Nacht: Heiliger Geist			
3. Schritt	Freude	Wachen	1. Nacht: Heiliger Geist	Nächstenliebe		
4. Schritt	Freude	Wachen	1. Nacht: Heiliger Geist	Nächstenliebe	2. Nacht: Christus	
5. Schritt	Freude	Wachen	1. Nacht: Heiliger Geist	Nächstenliebe	2. Nacht: Christus	Gott Vater

G 13. islamische Meditation (Sufis)

Die islamischen Meditationen sind den christlichen Meditationen sehr ähnlich. Sie bestehen vor allem aus der Konzentration auf Allah. Mohammed hat dabei in etwa dieselbe Vorbild-Funktion wie Christus. Auch die Nächstenliebe und die Freude treten an derselben Stelle auf. Die Mantrameditation ist bei den Sufis, also den islamischen Mystikern ebenfalls gut bekannt.

Die Struktur beider Meditationswege ist daher identisch.

islamische Meditation						
	Ekstase	**Wachen**	**Traum**	**Tiefschlaf**	**Gottheit**	**Gott**
normal		Wachen				
1. Schritt		Wachen	Krise			
2. Schritt	Freude	Wachen	Krise			
3. Schritt	Freude	Wachen	Krise	Nächstenliebe		
4. Schritt	Freude	Wachen	Krise	Nächstenliebe	Mohammed	
5. Schritt	Freude	Wachen	Krise	Nächstenliebe	Mohammed	Allah

G 14. tibetische Meditation (Vajrayana)

So wie es im Christentum die drei Stufen Altes Testament – Neues Testament – Mystiker gibt, so gibt es diese drei Stufen auch im Buddhismus: Hinayana – Mahayana – Vajrayana. Die erste Stufe besteht aus festen Regeln, die zweite Stufe hat die Nächstenliebe als Zentrum und die dritte Stufe besteht aus einer Vielfalt von Methoden und ist der Weg derjenigen Suchenden, die besonders engagiert nach der Erleuchtung streben. Im Buddhismus ist diese Stufe der Entwicklung im Gegensatz zum Christentum selber zu einer eigenständigen Religion geworden.

Die Methoden, die das Vajrayana im Vergleich zum Mahayana noch hinzugenommen hat, sind vor allem die nordindischen Yoga-Methoden und die Ekstasetechniken der tibetischen Bön-Priester.

Daraus ergab sich vor allem eine deutlich größere Betonung der Ekstasemethoden, vor allem das Kundalini-Yoga (tibetisch: Tummo) und eine sehr viel detailliertere Imaginationstechnik, die sehr komplexe Mandalas als innere Landkarten und als Ritualgrundlagen benutzt.

In den Mandalas erscheint Buddha in vielfältiger Gestalt und stellt dabei die verschiedenen Aspekte der Einheit dar – so wie dies z.B. auch im Islam durch die hundert Namen Allahs geschieht. Die Ekstasetechniken sind in der Bilderwelt des tibetischen Buddhismus leicht in den vielen Darstellungen der sexuell-spirituellen Vereinigung von Buddha mit seiner Gefährtin zu erkennen. In den Meditationen ist diese Gefährtin oft wie im frühen Schamanismus die Muttergöttin.

Der tibetische „Stufenweg" der Meditation (tibetisch: Lamrim) besteht aus zwei großen Teilen. Im ersten Teil werden die Rituale, die Imagination und die Ekstase erlernt, durch die die gesamte Innenwelt erfaßt, geordnet und auf das Ziel der Erleuchtung hin ausgerichtet wird. Dies entspricht der ersten schwarzen Nacht und ist die Integration des Traumbewußtseins, des Tiefschlafbewußtseins und der Ekstase in das Wachbewußtsein.

Im zweiten Teil wird diese Vielfalt stufenweise miteinander verschmolzen, sodaß schließlich nur noch eine einzige Qualität übrigbleibt: der Klang der Welt, das „Om", der eine Geschmack in allen Dingen ... die Einheit des Nirvana. Dies entspricht der zweiten schwarzen Nacht und ist die Integration des Gottheitenbewußtseins und des Gottesbewußtseins.

tibetische Meditation						
	Ekstase	**Wachen**	**Traum**	**Tiefschlaf**	**Gottheit**	**Gott**
normal		Wachen				
1. Schritt		Wachen	Mandalas			
2. Schritt	Kundalini	Wachen	Mandalas			
3. Schritt	Kundalini	Wachen	Mandalas	Freude		
4. Schritt	Kundalini	Wachen	Mandalas	Freude	Buddha	
5. Schritt	Kundalini	Wachen	Mandalas	Freude	Buddha	Nirvana

G 15. Zen-Meditation

Der Zen-Buddhismus ist eine Reduzierung des komplexen buddhistischen Systems auf die Methode der Auflösung der inneren Bilder – also auf das Dhyana-Yoga.

Das Zen beginnt mit der Konzentration auf das Hier und Jetzt (Wachbewußtsein), aus dem heraus dann das innere Schweigen und die Freude entstehen (Tiefschlafbewußtsein), das seinerseits dann schließlich zu der Erkenntnis der Einheit von Seele und Nirvana führt (Gottesbewußtsein).

Diese drei Bewußtseinsarten sind die drei statischeren Formen des Bewußtseins, die jeweils ein in sich ruhender Zustand sind: Das Wachbewußtsein ruht im Augenblick, das Tiefschlafbewußtsein in der eigenen Seele und das alles umfassende Bewußtsein in Gott – wobei das Zen dieses Gottesbewußtsein nicht personifiziert.

Die drei anderen Bewußtseinsformen sind eher dynamisch-fließend: das „Fliegen" der Ekstase, der ständige Wandel der inneren Bilderwelt (Traumbewußtsein) und das Kontinuum des Bereiches der Gottheiten, in dem alle Qualitäten ohne Abgrenzungen sind.

Diese fließenden Bewußtseinszustände können auch im Zen auftreten, aber sie werden nicht gezielt angestrebt.

Zen-Meditation						
	Ekstase	Wachen	Traum	Tiefschlaf	Gottheit	Gott
normal		Wachen				
1. Schritt		Wachen		Schweigen		
2. Schritt		Wachen		Schweigen		Nirvana

G 16. jüdische Meditation (Kabbala)

Die Meditationen dieser Richtung ähneln stark der christlich-islamischen Tradition. Sie unterscheidet sich von ihnen vor allem dadurch, daß in den jüdischen Meditationen die eigene Seele deutlich stärker betont wird.

Eine der ersten größeren Meditationen auf dem traditionellen jüdischen Weg zu Gott ist die Suche nach dem eigenen Schutzengel. Diese Meditation ist wie alle Visionssuchen oft mit einem Rückzug in die Einsamkeit und mit verschiedenen Ritualen verbunden. Der Schutzengel ist nichts anderes als die eigene Seele, die solange als etwas im Außen (und somit als hilfreicher Engel) erlebt wird, bis man sie schließlich als die eigene Mitte erkannt und sich daher mit ihr identifiziert hat.

Um diesen Kontakt zu erlangen, werden vor allem Imaginationsmethoden und Mantren verwendet, d.h. der erste Schritt in dieser Tradition ist die Bewußtwerdung im Bereich des Traumbewußtseins. In diesem Bereich der Lebenskraft erlangt man dann zunächst eine Vision des eigenen Schutzengels und danach das direkte Erlebnis der eigenen Seele.

Die Ekstase wird wie im Christentum und im Islam, die alle drei in einer gemeinsamen Tradition stehen, nicht explizit angestrebt, sondern ergibt sich gewissermaßen als Nebeneffekt aus der Konzentration auf den eigenen Schutzengel bzw. in den später darauf folgenden Meditationen auf Yahwe.

Die Entsprechung zu Christus und Mohammed sind in der jüdischen Mystik Abraham, Moses, Salomo und manchmal auch der Rabbi, also der Lehrer, von dem man die Meditation erlernt hat. Diese Stellung des Lehrers findet man fast überall, wobei dies besonders aus Indien, Tibet und dem Islam bekannt ist.

Die konkrete Methode in den jüdischen Meditationen sind Imagination, Konzentration und wie im Buddhismus, dem Christentum, in Indien und im Islam in begrenzter Weise auch die Askese. Die Askese ist letztlich eine der Symboliken des Todes (und des Nahtoderlebnisses), durch den man zu der eigenen Seele gelangt.

jüdische Meditation						
	Ekstase	Wachen	Traum	Tiefschlaf	Gottheit	Gott
normal		Wachen				
1. Schritt		Wachen	Imagination			
2. Schritt		Wachen	Imagination	Schutzengel		
3. Schritt	Freude	Wachen	Imagination	Schutzengel		
4. Schritt	Freude	Wachen	Imagination	Schutzengel	Moses	
5. Schritt	Freude	Wachen	Imagination	Schutzengel	Moses	Yahwe

G 17. Zusammenfassung

Bei dem Vergleich dieser Meditationswege zeigt sich, daß die Folge des Auftretens der verschiedenen Bewußtseinszustände recht einheitlich ist. Der Regelfall, der sich im Yoga, in den drei buddhistischen Richtungen, im Avesta, im Taoismus, im Judentum, im Christentum und Islam findet, beginnt mit dem Wachbewußtsein, erlangt dann vor allem durch Imaginationsmethoden die Bewußtheit im Traumbereich, der dann schließlich zu dem Erleben der eigenen Seele führt. Diese hohe Konzentrationsfähigkeit hat dann das Erlangen der Freude der Ekstase zur Folge, auch wenn dies in den meisten Fällen nicht gezielt angestrebt wird. Schließlich erweitert sich dann das Bewußtsein auch auf die Gottheiten und im letzten Schritt auch auf das Eine-Alles-Einzige.

Die Betonungen der einzelnen Bewußtseinsformen sind dabei recht unterschiedlich, wobei insbesondere die Beschreibung und die Auffassung des Tiefschlafbewußtseins und der Ekstase sehr verschiedenen sein können.

In einigen dieser Systeme sind einige Aspekte kaum entwickelt: Im Avesta tritt die Seele kaum auf und im Hinayana fehlt die Gottheit. Im Yoga tritt die Invokation einer Gottheit bereits vor dem Kontakt mit der eigenen Seele auf – es ist aber anzunehmen, daß es sich hierbei zunächst vor allem um Visionen und erst nach dem Erlangen des inneren Schweigens des Tiefschlaf-Seelenbewußtseins in einer höheren Stufe des Yogas um das Gottheitenbewußtsein selber handelt.

Meditation						
	Ekstase	Wachen	Traum	Tiefschlaf	Gottheit	Gott
normal		Wachen				
1. Schritt		Wachen	Imagination			
2. Schritt		Wachen	Imagination	Seele		
3. Schritt	Freude	Wachen	Imagination	Seele		
4. Schritt	Freude	Wachen	Imagination	Seele	Gottheit	
5. Schritt	Freude	Wachen	Imagination	Seele	Gottheit	Einheit

In der sumerisch-ägyptisch Tradition finden sich nur die ersten zwei Schritte des allgemeinen Musters des Meditationsweges: „Wachen – Traum – Ekstase", wobei hier wie beim früheren Schamanismus die Ekstasetechnik ein kollektiver

Bestandteil der Religion ist und daher möglicherweise schon vor dem bewußten Träumen (Traumreise) erlernt wird.

sumerisch-ägyptische Meditation						
	Ekstase	**Wachen**	**Traum**	**Tiefschlaf**	**Gottheit**	**Gott**
normal		Wachen				
1. Schritt	Ekstase	Wachen				
2. Schritt	Ekstase	Wachen	Traumreise			

Lediglich der Zen-Buddhismus unterschiedet sich deutlich von diesem allgemeinen Meditationsweg, da er die Ekstase, die innere Bilderwelt und die Gottheiten weitgehend ignoriert und ihnen auch keine besondere Bedeutung beimißt, wenn diese Zustände spontan auftreten. Auch der Zen-Buddhismus widerspricht somit nicht der oben beschriebenen allgemeinen Folge, aber er betont die Konzentration auf die drei Schritte Hier und Jetzt (Wachbewußtsein), Schweigen (Tiefschlafbewußtsein) und Einheit (Gottesbewußtsein) als das einzig Wesentliche.

Zen-Meditation						
	Ekstase	**Wachen**	**Traum**	**Tiefschlaf**	**Gottheit**	**Gott**
normal		Wachen				
1. Schritt		Wachen		Schweigen		
2. Schritt		Wachen		Schweigen		Nirvana

Die schamanische Meditation hat zwei Besonderheiten. Zum einen ist die Ekstasemethode im Schamanismus vor allem eine magische Methode, die im Zusammenhang mit fast allen Zaubern als Tanz auftritt und daher für Völker mit schamanischer Religion mehr oder weniger ein geläufiger Bewußtseinszustand ist. Zum anderen wird das Traumbewußtsein in der Regel „per Unfall" durch den Beinahe-Tod (Astralreise) erlangt und danach dann durch Imaginationsübungen und Traumreisen geübt.

schamanische Meditation						
	Ekstase	**Wachen**	**Traum**	**Tiefschlaf**	**Gottheit**	**Gott**
normal		Wachen				
1. Schritt	Ekstase-Tanz	Wachen				
2. Schritt	Ekstase-Tanz	Wachen	Astralreise			

Im Vergleich zu den individuell möglichen Meditationswegen, die in dem Kapitel vor den Beschreibungen der einzelnen Traditionen dargestellten wurden, findet sich in den religiösen Traditionen doch immer dieselbe Folge der Integration der verschiedenen Bewußtseinszustände, die offenbar der sich natürlich ergebende und daher einfachste Weg ist.

Es liegt eben nahe, die Frequenz des Bewußtseins nicht sprunghaft über mehrere Oktaven zu erhöhen oder zu erniedrigen, sondern Stufe für Stufe immer nur um eine Oktave zu erweitern.

Dieser Weg ist sozusagen der übliche Weg, der sich auch aus dem Durchschnitt aller individuellen Wege ergibt, die durchaus einige Abweichungen aufweisen können, wie z.B. ein spontanes Gotteserlebnis oder ein Erleben der Grenzenlosigkeit des Bewußtseinskontinuums der Gottheitenebene gleich zu Beginn der Meditationen.

Diese Übersicht ist, wie bereits gesagt, nur eine Landkarte zur besseren Orientierung in den inneren Welten, aber keine „Straßenverkehrsordnung" auf den Pfaden des Bewußtseins, an die man sich halten muß, um zum Ziel zu gelangen.

H Die Übergänge

Die Übergänge sind der spannendste Punkt bei der Vereinigung zweier Bewußt-seinsformen. Dies betrifft zum einen den Charakter dieses Überganges, also das Erlebnis dieses Vorganges, dann die Methoden, durch die dieser Übergang erreicht werden kann, und schließlich die Frage, wie ein solcher Übergang stabilisiert werden kann bzw. was notwendig ist, wenn ein neuer Bewußtseinszustand spontan auftritt, damit er zu einem angenehmen Zustand und nicht zu einer Bedrohung wird.

Diese Vorgänge unterscheiden sich zunächst grundsätzlich zwischen dem Über-gang zu einem Bewußtsein mit höheren Frequenzen als dem Wachbewußtsein, also zu der Ekstase, und dem schrittweisen Übergang zu den Bewußtseinsformen mit einer niedrigeren Frequenz als dem Wachbewußtsein, also Traum, Tiefschlaf, Gott-heit und Gott. Aber auch beim Erreichen der vier Bewußtseinsformen mit niedrige-rer Frequenz gibt es deutliche Unterschiede.

1. Wachen – Ekstase

1. Erlebnis

Das Erlebnis der Ekstase besteht vor allem aus dem Erleben der sich bewegenden Lebenskraft und somit aus dem Erleben der Wahrnehmung der Lebendigkeit, des Strömens und der Einsgerichtetheit. Die bekannteste Ekstase ist der Orgasmus.

2. Methode

Die Methode ist die Konzentration entweder in einer Handlung oder in der Vorstellung oder in beidem.

Die einsgerichtete Handlung ist in der Regel die sexuelle Vereinigung oder ein Tanz. Vereinzelt gibt es auch noch andere Methoden, aber diese beiden sind die wesentlichen Elemente. Sie finden sich daher auch beide im Kundalini-Yoga oder auch in der Mythologie des „Meditations-Gottes" Shiva.

Die einsgerichtete Vorstellung besteht oft in der Konzentration auf eine Gottheit, die man sich innerlich bildlich vorstellt oder deren Statue man vor sich stehen hat. Aber es ist jede Form der visuellen Konzentration möglich – von den indischen Yogis wurden manchmal auch die Ängste und Süchte ihrer Schüler als Konzentrationsbilder für die Meditationen ihrer Schüler benutzt. So erhielt z.B. ein Schüler mit Freßgier unter Umständen die Meditationsaufgabe, sich vorzustellen, wie er alle denkbaren Speisen, dann alle Lebewesen und schließlich jegliche Substanz in der Welt verschlingt.

Auch die Tummo-Meditation der tibetischen Mönche in Tibet ist eine solche Konzentrations-Meditation, bei der die große Kälte in Tibet als Motivation für die Mönche benutzt wird, diese Feuer-Meditation zu erlernen, mit deren Hilfe man sich selber in der Kälte warmhalten kann.

Die Verbindung von einsgerichteter Vorstellung und einsgerichteter Handlung findet sich z.B. im Tantra-Yoga, in dem man die sexuelle Vereinigung mit der Identifizierung von sich selber und der Partnerin mit einem Gott bzw. einer Göttin imaginiert.

Die Ekstase besteht darin, aus dem Wachbewußtsein heraus sich so sehr zu konzentrieren, daß eine höhere Bewußtseinsfrequenz entsteht, die dann eine Oktave höher, also doppelt so schnell schwingt wie das Wachbewußtsein. Durch das Nachlassen der Konzentration fällt man dann wieder in die niedrigere Frequenz des

Wachbewußtseins zurück. Bei dieser Konzentration ist es immer notwendig, sie nicht zu einer verkrampften Konzentration werden zu lassen, sondern darauf zu achten, daß es eine entspannte Konzentration ist – auch der Orgasmus kann nicht geschehen, wenn man zu verkrampft bei der Sache ist ...

3. Stabilisierung

Da die Ekstase in dem freien Fluß der Lebenskraft und der vollkommenen Konzentration auf einen einzigen Gegenstand besteht, kann die Ekstase dadurch stabilisiert werden, daß man auf das Ruhen im Hier und Jetzt achtet und alle Ereignisse bejaht. Diese Grundhaltung wird am anschaulichsten im Tao-Tê-King beschreiben. Die vollkommene Ausrichtung besteht dabei in der Konzentration auf das Hier und Jetzt, in dem dann das Tao erlebbar wird.

2. Wachen – Traum

1. Erlebnis

Das Erlebnis der Erinnerung an einen Traum ist allgemein bekannt. In der Regel kennt man auch das Erlebnis, morgens auf einem Traum heraus aufzuwachen und noch ein paar Sekunden bewußt weiterzuträumen. Auch ein lebhafter Tagtraum z.B. in der U-Bahn zum Arbeitsplatz zählt zu diesem Übergang.

Die beiden letzten Beispiele sind Verbindungen zwischen dem Wachbewußtsein und dem Traumbewußtseins – das erste Beispiel der Erinnerung an einen Traum ist zwar auch eine Verbindung, aber sozusagen eine indirekte, in der man nicht mehr handeln kann.

Diese Erlebnisse werden in der bildhaften Meditation, in der Imagination und in der Traumreise dann zu einer normalen Wahrnehmungs- und Handlungsweise. Auch die Telepathie, die Telekinese oder das innere Nachspüren, wo der Gegenstand liegt, den jemand verloren hat, gehören zu dieser Art der Bewußtseinsverbindung.

2. Methode

Die Methode besteht darin, sich zu entspannen, die eigene Aufmerksamkeit nach innen zu richten, dann eine bestimmte Frage zu stellen oder ein Symbol auszuwählen und nach dieser Vorbereitung zu schauen, welche Bilder auftauchen. Dies kann man am leichtesten zu zweit üben, wobei der eine der „Reisebegleiter" des anderen ist und ihm ab und zu durch Nachfragen hilft, ausreichend konzentriert zu bleiben.

Wie bei den meisten dieser Methoden ist es auch bei Traumreise deutlich einfacher und vor allem anschaulicher, sie praktisch zu zeigen als sie zu beschreiben.

Um den Zustand des „wachen Träumens" erreichen zu können, ist eine innere Entspannung notwendig, durch die sich die Schwingungen des Wachbewußtseins in die nur halb so schnellen Schwingungen des Traumbewußtseins sozusagen als „Oberton", als höhere Oktave einfügen können.

3. Stabilisierung

Die Stabilisierung besteht bei dieser Verbindung darin, daß man sich zwar entspannt und den inneren Bildern öffnet, aber dabei das Wachbewußtsein aufrecht erhält, also nicht einschläft. Bei der Traumreise kann der „Reisebegleiter" diese Aufgabe teilweise übernehmen. Im Grunde ist diese Verbindung wie ein Einschlafen ohne den Verlust des Wachbewußtseins.

3. Traum – Tiefschlaf

1. Erlebnis

Das Auftauchen der Tiefschlafqualität in der bildhaften Meditation oder in der Mantrameditation, die sich beide im Bereich der Lebenskraft befinden, ist ein recht plötzliches, aber „weiches" Auftauchen von Wärme, Erfülltsein, von Richtigkeit, von einem leisen Lächeln und von einer großen Freude. Diese Freude ist eine stille Freude, die daraus entsteht, daß auf einmal alles richtig ist, an seinem Platz ist und die Situation nicht besser sein könnte. Dieser Zustand enthält ein großes und müheloses Ja zu allen Dingen.

2. Methode

Die Methode ist auch hier wieder die Konzentration. Der Gegenstand der Konzentration ist dabei fast egal – es kommt viel mehr auf die Intensität der Konzentration an. Zugleich ist dafür ein Loslassen notwendig, also eine Konzentration, die keinerlei Anstrengung hat, sondern wie selbstverständlich verläuft.

Die Konzentration ist notwendig, um das Bewußtsein überhaupt in eine Richtung auszurichten und die Frequenz des Bewußtseins harmonischer und gleichmäßiger werden zu lassen, und die Entspannung ist notwendig, damit sich das Traumbewußtsein und mit ihm das Wachbewußtsein in die langsamere Frequenz des Tiefschlafes einfügen kann.

Um dahin zu gelangen, ist es zunächst notwendig, daß sich das Wachbewußtsein und das Traumbewußtsein zusammenfügen, was z.B. durch eine Mantra-Meditation oder durch eine Visualisierung geschehen kann. Diese beiden Bewußtseinsformen fügen sich dann in die Tiefschlaf-Frequenz ein, wobei dann die Visualisierung (Traumbewußtsein) den eine Oktave höheren Oberton des Tiefschlafes bildet und das Wachbewußtsein den noch einmal eine Oktave höheren Oberton des Traumbewußtseins bildet.

Das Wachbewußtsein bleibt bei diesem Vorgang voll bewußt – man kann diesen Zustand z.B. durchaus durch eine winterliche Feuermeditation auf dem Fahrrad im dichten Straßenverkehr hervorrufen.

3. Stabilisierung

Die Stabilisierung dieser Verbindung besteht darin, daß man die Meditation fort-führt, die zu der Verbindung geführt hat. Dabei wird dieser Zustand immer ein-facher erreichbar werden und er wird auch durch eine immer geringere Konzen-tration auf die Meditation aufrecht erhalten werden können.

Dabei ist es eine Hilfe, wenn man durch Traumreisen bereits eine Vision von der eigenen Seele erlangt hat oder wenn man schon einmal die liebende, leuchtende Wärme des Herzchakras gespürt hat, da diese beiden Erlebnisse eng mit dem Tief-schlafbewußtsein verbunden sind.

Die Seele ist der eigene Anteil an der allgemeinen Ebene des Tiefschlafbewußt-seins so wie der eigene Lebenskraftkörper und die Bilder in ihm der eigene Anteil an der allgemeinen Lebenskraft, die sich überall befindet, ist. Das Herzchakra ist der Kern und das Zentrum des Lebenskraftkörpers und somit auch die Verbin-dungsstelle zu der Seele. Die Liebe ist schließlich die Grundqualität der Seele, die man daher beide am deutlichsten im Herzchakra finden kann.

Aufgrund dieser Kombination von Erlebnissen findet sich zum Erreichen des Tiefschlafzustandes sehr häufig eine Meditation, in der man in Verbindung mit einem Mantra, das sich in der einen oder anderen Form auf die Liebe bezieht, in seinem Herzchakra eine Sonne oder ein Feuer imaginiert.

4. Tiefschlaf – Gottheit

1. Erlebnis

Wenn man unvorbereitet auf das Gottheitenbewußtsein trifft, ist das, als wenn man an einem Abgrund stehen würde und plötzlich hinunterstürzt. Dieses Erlebnis des freien Falls, das ziemlich erschreckend sein kann, entsteht dadurch, daß es in diesem Bereich keine Abgrenzungen mehr gibt, was eben bedeutet, daß es auch nichts „Festes zum Festhalten" mehr gibt. Der einzige Halt ist die eigene Qualität.

Um sich an dieses Erlebnis, das auch schon einmal eine vorübergehende Panik auslösen kann, möglichst sanft anzunähern, ist es sinnvoll, vorher durch Meditationen, Traumreisen und Therapien möglichst viele der eigenen Ängste und Süchte aufzulösen.

Es ist allerdings auch der umgekehrte Weg möglich, wie die Methoden der meisten Mystiker zeigen: Man verharrt in der Konzentration und erträgt die Teufel und Dämonen, als die die eigenen Ängste erscheinen, wenn sich die Abgrenzungen aufzulösen beginnen, solange, bis man sich an sie gewöhnt hat und sie allmählich verblassen.

Eine Vorstufe zu diesem Übergang in das Abgrenzungslose ist die „Durchsichtigkeit", durch man alle Dinge, auch die in der Ferne oder in der Vergangenheit oder in der Zukunft, wahrnehmen kann. Dabei steht man diesen Dingen aber noch mit einem gewissen Abstand gegenüber und ist dadurch vor ihnen „geschützt" und kann sich allmählich mit der Existenz von allem, was man dabei außerhalb und vor allem innerhalb von sich selber (die „Dämonen") sieht, anfreunden.

Die Vorstufe der „Durchsichtigkeit" gibt ein Wissen der Dinge, während die vollkommene Auflösung der Grenzen ein Erleben der Dinge gibt.

Die Begegnung mit einer Gottheit hat die Qualität eines Meeres, das plötzlich über den Meditierenden hinwegspült und jeden Halt auflöst und alles mit der Qualität der Gottheit einhüllt und durchdringt. Daher ist es auch hier sinnvoll, sich langsam an diese Zustände anzunähern.

2. Methode

Die Methode besteht traditionellerweise in der konzentrierten und liebevollen Hingabe an eine Gottheit. Aber man kann genausogut auch die Feuermeditation weiterbenutzen, durch die man sich im Winter auf seinem Fahrrad warmhält. Es kommt vor allem auf die ausreichende Konzentration und Motivation und die ausreichende Offenheit für das, was auftauchen will, an. Man kann auch durch ein inniges Gebet plötzlich den Kontakt zu einer Gottheit erhalten und dadurch sein eigenes Bewußtsein in das Bewußtsein einer Gottheit mit seiner Frequenz, die drei Oktaven tiefer ist als das Wachbewußtsein, zumindest für kurze Zeit einfügen. Auch eine plötzliche und unerwartete große Erkenntnis kann das Wachbewußtsein für kurze Zeit für das abgrenzungslose Gottheitenbewußtsein öffnen.

Es ist durchaus empfehlenswert, sich nicht dem Schock auszusetzen, das eigene Wachbewußtsein plötzlich mit dem drei Oktaven langsameren Bewußtsein einer Gottheit zu verbinden – dieser große Abstand rüttelt dann unter Umständen recht heftig an dem ungeübten Wachbewußtsein. Selbst wenn man das Wachbewußtsein immer nur eine Oktave auf einmal über das Traumbewußtsein und das Tiefschlafbewußtsein an das Gottheitenbewußtsein annähert, ist das Erlebnis des Bewußtseinskontinuums, in dem sich die Gottheiten befinden, noch beeindruckend genug.

3. Stabilisierung

Für die Stabilisierung dieses Zustandes ist es notwendig, die eigene Seele leuchten zu lassen, d.h. sein eigenes Herzchakra wie eine Sonne strahlen zu lassen. Dieser Zusammenhang ist bei jedem Übergang zu einer langsameren Bewußtseinsfrequenz derselbe: Man muß das vorige Bewußtsein erhalten und zulassen, daß es sich dabei umformt.

Beim Übergang vom Wachen zum Traum muß man darauf achten, daß man bei wachem Bewußtsein bleibt, aber gleichzeitig zulassen, daß sich das Wachbewußtsein in die innere Bilderwelt hinein entspannt und still und aufmerksam wird.

Beim Übergang vom Traum zum Tiefschlaf muß man darauf achten, die Meditation, also das Mantra, die Visualisation, das Schweigen aller Gedanken usw., durch die man diesen Zustand erreicht hat, beizubehalten und gleichzeitig zuzulassen, daß sich die Meditation auf einmal anders anfühlt und eine andere, innere Quelle im Herzchakra erhält.

Beim Übergang vom Tiefschlaf zum Bewußtseinskontinuum, also bei der Erkenntnis und dem Erlebnis, daß die eigene Seele nicht aus sich heraus existiert, sondern ein Tropfen des Meeres einer Gottheit ist, ist es notwendig, sich auf die Qualität der eigenen Seele zu konzentrieren und zugleich zuzulassen, daß man keine Abgrenzungen nach außen hin mehr spürt.

5. Gottheit – Gott

1. Erlebnis

An dieser Stelle endet jede Unterscheidung und es beleibt nur das eine gleißend-weiße Licht. Zugleich entsteht das Gefühl von Frieden, Ankommen, Vollkommen-heit ... Alles kommt zur Ruhe und dieses Eine-Alles-Einzige ist mehr und erfüllter als jedes Teil der Vielheit. Es gibt nichts mehr, wonach man suchen könnte ... und nach einer Weile beginnt man spontan etwas zu erschaffen und kehrt dadurch in die Vielheit zurück.

2. Methode

Die Methode ist auch hier wieder die konzentrierte Entspannung oder die ent-spannte Konzentration, durch die es der Frequenz des Gottheitenbewußtseins er-möglicht wird, sich in das wiederum eine Oktave tiefere Bewußtsein einzufügen, das als Nirvana, Satori, Gott, Allah, Jahwe und vieles mehr bezeichnet wird.

Es ist auch hier wieder sinnvoll, sich diesem Erlebnis langsam anzunähern und sich wie zuvor jeden dieser Zustände auch zuerst einmal in einer Vision anzusehen und zuerst einmal das Seelenbewußtsein des Tiefschlafs und das Bewußtseins-kontinuum einer Gottheit kennenzulernen, ehe man anstrebt, dieses Bewußtsein kennenzulernen.

3. Stabilisierung

Die Stabilisierung besteht wie bei den vorigen Übergängen darin, in der Qualität der Gottheit, deren „Kind" die eigene Seele ist, ruhen zu bleiben und gleichzeitig zuzulassen, daß die Qualität dieser Gottheit als vollkommen gleichwertig mit den Qualitäten aller anderen Gottheiten ist und daß somit auch alle Dinge in dieser Welt gleichwertig und notwendiger Bestandteil des Einen-Alles-Einzigen sind.

I Motivation: Freude ... tun, was funktioniert

In den meisten Meditationsanleitungen steht „Üben, üben, üben ...“ Das Üben hat durchaus etwas für sich, aber es ist nicht die einzige Methode. Jeder Mensch hat seine eigene Art, Dinge zu tun – der eine mit Ausdauer, der andere mit vielen kleinen Versuchen, dieser denkt erst einmal darüber nach, jener experimentiert ... Es gibt fast so viele Varianten wie Menschen. Daher ist es wichtig, zu schauen, auf welche Art sich das Meditieren natürlich und selbstverständlich anfühlt.

Ein sehr wichtiger Punkt ist es, daß man das ganze zunächst einmal wie ein Experiment betrachten sollte, denn woher soll man wissen, daß Meditieren gut tut, wenn man es nicht selber ausprobiert hat? Wenn man dann festgestellt hat, daß z.B. eine Herzmeditation selbstsicherer macht, wird man einfach deshalb, weil die Meditation funktioniert, meditieren. Oder wenn man durch eine bestimmte Meditation die grundlose Freude im eigenen Herzchakra findet, wird man diese Meditation sicherlich immer wieder einmal machen – einfach weil es gut tut, diese Freude zu spüren.

Daher ist es auch sinnvoll, verschiedene kleine Experimente durchzuführen, die zeigen, daß das Bewußtsein tatsächlich eine Wirkung hat – denn dann ist die Motivation größer, diese Zusammenhänge zu erforschen und sie anschließend nutzen zu können.

Falls man meditieren will, weil man dann ein besserer Mensch ist oder weil man eben an sich „arbeiten“ will, könnte es sinnvoll sein, sich einmal näher anzuschauen, woher die Motivation zum Meditieren stammt.

Die Meditation ist auch kein geeignetes Hilfsmittel um aus der Welt zu fliehen – sie führt den Meditierenden zu sich selber und mitten in die Welt und läßt ihn letztlich eins werden mit der Welt.

Im folgenden finden sich drei kleine Versuche, mit deren Hilfe man erleben kann, daß es tatsächlich eine Lebenskraft gibt bzw. daß das Bewußtsein auf die Materie wirkt. ... und da es diesen Zusammenhang gibt, ist es sinnvoll ist, sich einmal näher mit dem eigenen Bewußtsein zu befassen, da dadurch das Leben deutlich einfacher werden könnte.

1. Der Smilie-Versuch

Nehmen Sie ein Blatt Papier und malen Sie einen „Smilie“ auf das Blatt, der durch das Drehen des Blattes Papier zu einem traurigen Gesicht wird. Nun

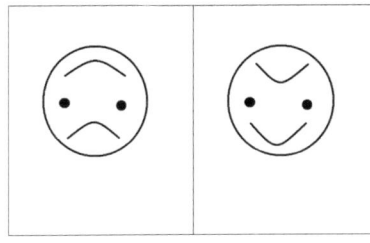

brauchen Sie noch eine zweite Person, die bei dem Versuch mitmachen möchte.

Die erste Person stellt sich nun aufrecht hin und breitet ihre Arme seitlich aus. Die zweite Person stellt sich hinter sie und legt ihre Hände auf die Ellenbogen der vorderen Person.

Beim ersten Versuch schaut der Vordere auf den Smilie. Nun versucht der Hintere gegen den Widerstand des Vorderen dessen Arme herunterzudrücken.

Beim zweiten Versuch schaut der Vordere nun auf das gedrehte, traurige Gesicht. Lassen Sie sich überraschen, welchen Unterschied das ausmacht ...

2. Der Kreisel-Versuch

Dieser Telekinese-Versuch besteht darin, daß man ein gefaltetes Stückchen Papier so auf eine Nadelspitze hängt, daß das Papier nicht herunterfällt und sich fast reibungsfrei drehen kann. Dann hält man seine rechte Hand rechts neben das Papier, woraufhin sich das Papier nach einer Weile gegen den Uhrzeigersinn zu drehen beginnt. Hält man seine linke Hand links neben das Papier, dreht sich das Papier im Uhrzeigersinn.

Hier noch eine genauere Beschreibung der Versuchsanordnung:

Man nimmt ein kleines Stückchen Pappe als Fundament und steckt eine Nadel hindurch, sodaß die Spitze nach oben ragt.

Dann schneidet man ein quadratisches Stückchen Papier mit einer Seitenlänge von 5-6cm Länge aus einer Papierart mit harter Oberfläche aus – die harte Oberfläche erkennt man daran, daß auf der Packung „oberflächengeleimt" steht oder daran, daß das Papier glänzt; manchmal ist auch die eine Seite eines Papier glänzend und die andere matt. Die glatte, harte, glänzende Oberfläche des Papiers verringert noch weiter die ohnehin schon geringe Reibung.

Man faltet das Papier auf eine solche Weise viermal und streicht es anschließend jeweils wieder glatt, daß man vier Falten erhält – zwei Diagonalen und die beiden dazwischenliegenden „Seitenmittenverbindenden". Dadurch ergibt sich dann ein achtstrahliger Stern. Für die Diagonalen faltet man das Papier nach unten und für die „Seitenmittenverbindenden" faltet man das Papier nach oben. Nun kann man das Papier durch ein wenig Knicken zu einem flachen Stern falten, der an den Diagonalen einen Grat nach oben hat und an den „Seitenmittenverbindenden" ein

Tal nach unten hat.

Nun legt man das Papier mit seiner Mitte auf die Nadelspitze und prüft durch leichtes Anstoßen, ob es stockt oder ob es sich mühelos dreht.

Dann kann's losgehen ...

3. Der „Hepp!"-Versuch

Für diesen Versuch legt man sich mit dem Bauch flach auf die Erde und bittet einen Freund oder eine Freundin, sich mit ihrem Bauch quer über die eigenen Waden und Füße zu legen.

Nun versucht man, diese Person mit den eigenen Beinen mit aller Kraft empor-zuheben. Danach entspannt man sich einen Augenblick und stellt sich vor, daß die Person, die auf den eigenen Waden liegt, nur ein kleines, leichtes Kissen ist. Dann stellt man sich noch vor, wie ein Lichtstrahl von dem eigenen Scheitel bis in beide Füße hinunterreicht. Schließlich sagt man dann innerlich einfach „Hepp!" und wirft das „Kissen" auf den eigenen Waden hoch.

Gab es einen Unterschied? Anschließend tauscht man einmal die Rollen. Man kann diesen Versuch auch mit zwei oder drei Personen, die übereinander auf den Waden des „Werfers" liegen, ausprobieren ...

Dasselbe Verfahren wird auch im Karate angewandt. Wenn man mit der Hand auf ein Brett schlägt, wird die Hand sehr wahrscheinlich ziemlich schmerzen. Dies liegt an dem Wörtchen „auf", das suggeriert, daß das Brett hart ist und man nur auf das Brett, aber nicht durch das Brett schlagen kann – das Wörtchen „auf" gibt dem Brett Kraft. Wenn man sich jedoch stattdessen vorstellt, daß das Brett nur ein Stücken Watte ist und daß man auf eine Stelle 30cm unterhalb des Brettes schlägt und so tun, als ob das Brett gar nicht da wäre, wird sich das Brett nicht groß gegen den Schlag wehren können.

J Kundalini – die Dynamik der vereinten Bewußtseinszustände

Die Erweckung der Kundalini ist eines der zentralen Erlebnisse in der Meditation, das sowohl im Bereich des Traumbewußtseins bewußt werden läßt als auch die Ekstase ermöglicht.

Der Zustand der erwachten Kundalini ist das freie Fließen der Lebenskraft im Körper. Die Lebenskraft steigt vom untersten Chakra in der Mitte des Körpers bis zum obersten Chakra empor und fächert sich über dem Scheitel zu einer Fontäne auf und fließt dann außen an der Aura wie an einer Kugeloberfläche wieder hinab zu dem untersten Chakra.

Da die Chakren den verschiedenen Bewußtseinszuständen entsprechen, ist der vollkommen freie Fluß der Lebenskraft im menschlichen Körper gleichbedeutend mit der Vereinigung aller Bewußtseinszustände. Dabei entsprechen die Chakren folgenden Formen des Bewußtseins, wobei die oberen Chakren eine Doppelfunktion haben, weil zu ihnen auch die Wahrnehmung der beiden abgrenzungslosen Bewußtseinszustände gehört:

Aufsteigen der Kundalini		
Chakra	**primärer Bewußtseinszustand**	**sekundärer Bewußtseinszustand**
Scheitelchakra	Ekstase	Gott
Drittes Auge	Wachen	Gottheiten
Halschakra	Traum	Gottheiten
Herzchakra	Tiefschlaf	
Sonnengeflecht	Traum	
Hara	Wachen	
Wurzelchakra	Ekstase	

Die Kundalini-Meditationen beginnen mit der Imagination des Haras oder des Dritten Auges und entsprechender Mantren und Bilder, um zunächst einmal einen klaren Stand im Wachbewußtsein zu erreichen. Durch das Üben der Imaginationen wird das Sonnengeflecht und das Halschakra gefördert. Mithilfe der Imagination wird anschließend das Wurzelchakra geweckt, aus dem die Lebenskraft dann als feurige Kundalinischlange die Chakren emporsteigt.

Wenn die Lebenskraft das Herzchakra erreicht hat, sind die meisten Ängste, Süchte u.ä. aufgelöst worden. Danach entsteht durch die Meditation über das Halschakra und das Dritte Auge die Fähigkeit, sich dem Bewußtseinskontinuum der Gottheiten zu öffnen. Durch das Erwecken des Scheitelchakras erreicht man schließlich die vollkommene Hingabe bzw. man erweckt durch diese Hingabe das Scheitelchakra – was dann das Erleben der Einheit aller Dinge zur Folge hat.

Dieses Erwachen des obersten Chakras wird oft durch einen Heiligenschein oder durch eine halbkugelförmige Wölbung auf dem Kopf (wie z.B. bei Buddha oder Shiva) dargestellt.

Die Bedeutungen der Chakren lassen sich zwar allgemein beschreiben, aber ihr Erwecken ist individuell sehr verschieden. Die Erlebnisse dabei werden sowohl alle verborgenen Ängste und Süchte zutage fördern und auch alle Traumata sichtbar werden lassen – und das Aufsteigen der Kundalini wird auch die Heilung dieser psychischen Verletzungen fördern und daher schließlich die verschiedenen Stufen der Freude im Menschen wecken.

Das Kundalini-Yoga bzw. die ihr entsprechende tibetische Tummo-Meditation ist die effektivste und heftigste Meditation. Sie stellt in gewisser Weise auch ein Maßstab für den eigenen Fortschritt dar, da die Lebenskraft sich nur soweit aufwärts bewegen kann, wie die Chakren bereits geheilt sind. Wenn man durch seine Meditationen, d.h. insbesondere durch das Verbinden des Wachbewußtseins mit dem Traumbewußtsein, den Zustand der eigenen Chakren schließlich erfassen kann, hat man eine gute Orientierungshilfe bei dem Versuch zu erkennen, was gerade in einem selber vor sich geht.

Die kuriose Tatsache, daß die drei obersten Chakren eine Doppelfunktion haben, erklärt sich recht einfach: Die drei untersten Chakren richten sich nach innen auf den Körper und die drei obersten Chakren nach außen auf die Welt – und das Herzchakra im Zentrum auf die eigene Mitte, also auf die eigene Seele. Daher wird man durch das Erwecken der oberen drei Chakren auch immer mehr von der Welt erleben können und dabei sich selber zunehmend als einen Teil der Welt erleben. Daraus ergibt sich, daß nur die drei oberen Chakren für die Wahrnehmung der beiden abgrenzungslosen Bewußtseinszustände, die ja weit über den eigenen Körper hinausgehen, geeignet sind.

Das oberste Chakra, dessen Grundqualität wie beim untersten Chakra die Ekstase ist, enthält die Möglichkeit zum Erleben der größtmöglichen Ekstase: Die vollkommene Ausrichtung auf das Eine-Alles-Einzige läßt den Meditierenden schließlich in den Einklang mit dem Gottesbewußtsein kommen, wodurch er die gesamte Welt als eine Einheit erlebt.

Das Erwachen der Kundalini hat in etwa die folgende Struktur und Dynamik:

Schritte der Kundalini-Meditation				
Schritt	Chakra	Methode	Vorgang	Wirkung
1. Schritt	Hara oder Drittes Auge	Imagination	klares Wach-bewußtsein, innerer Halt;	Verbindung mit dem Traumbewußtsein durch die Imagination
2. Schritt	Wurzelckakra	Feuer-Imagination	Erwachen des Wurzelchakras	Wecken des Ekstase-Zustandes
3. Schritt	Wurzelckakra	Feuer-Imagination	Aufstieg ins Hara	bewußtes Erleben der Instinkte (Lebenskraft = Traumbewußtsein)
4. Schritt	Wurzelckakra	Feuer-Imagination	Aufstieg ins Sonnengeflecht	bewußtes Erleben ver-drängter Gefühle („1. schwarze Nacht")
5. Schritt	Wurzelckakra	Feuer-Imagination	Aufstieg ins Herzchakra	Erleben der eigenen Seele (Tiefschlaf-bewußtsein)
6. Schritt	Wurzelckakra	Feuer-Imagination	Aufstieg ins Halschakra	Erleben der Abgren-zungslosigkeit („2. schwarze Nacht", Gottheitenbewußtsein)
7. Schritt	Wurzelckakra	Feuer-Imagination	Aufstieg ins Dritte Auge	Weitung der Wahrneh-mung, magische Fähig-keiten
8. Schritt	Wurzelckakra	Feuer-Imagination	Aufstieg ins Scheitelchakra; spätestens hier beginnt das freie Fließen der Lebens-kraft	Erleben der Einheit aller Dinge (Gottesbewußtsein)

K Entspannte Konzentration – Methode der Vereinigung

Meditation ist nichts anderes als Freundlichkeit – vor allem zu sich selber. Buddha zählt die grenzenlose Freundlichkeit zu den vier Merkmalen eines Erleuchteten. Freundlichkeit bedeutet, daß man zunächst einmal aufmerksam ist und das wahrnimmt, was da ist. Dann bedeutet Freundlichkeit auch, daß man den Wunsch hat, daß alle und alles glücklich wird.

Aus diesen beiden Einstellungen ergibt sich das aufmerksame und anteilnehmende Zuhören, das u.a. das Fundament einer jeden Therapie ist. Durch diese Fähigkeit kann sich nach und nach das, was sich ins Verborgene geflüchtet hatte, wieder zeigen und gesehen und angenommen werden – wodurch es sich schließlich von selber wieder in seine ursprüngliche, heile Gestalt verwandelt.

Diese Form der Freundlichkeit bedeutet, wenn man sie auf sich selber richtet, zunächst einmal, daß man überhaupt aufmerksam auf sich selber und alles, was in einem selber vor sich geht, ist. Das, was man dabei wahrnimmt, wird man dann freundlich ansehen, d.h. man wird es willkommen heißen und es sich näher ansehen und evtl. fragen, wie es diesem Teil von sich selber geht und was es sucht. Aus dieser aufrichtigen Anteilnahme an sich selber entsteht dann das allmähliche Kennenlernen der bisher noch nicht bekannten Teile der eigenen Psyche.

Diese Methode wirkt natürlich nicht nur bei verdrängten psychischen Inhalten, sondern ganz generell bezüglich der noch unbekannten Möglichkeiten des eigenen Bewußtseins. Die Freundlichkeit hat auch eine spielerische Seite: Man versucht herauszufinden, welche Eigenschaften ein bestimmtes Phänomen hat und was man damit alles machen kann.

Die Freundlichkeit ist die Essenz der Erweiterung des Bewußtseins, da es den Bewußtseinsinhalten, die noch außerhalb des bisherigen Wahrnehmungsradius liegen, ermöglicht, in das Licht des Wachbewußtseins zu treten, gesehen zu werden und dadurch schließlich vollständig akzeptiert und integriert zu werden. Dadurch lösen sich nach und nach die verschiedenen Bewußtseinsschwellen auf und das Bewußtsein kann sich mit dem nächsten Bewußtseinszustand verbinden.

Die Mantra-Meditationen und Imaginationstechniken und die übrigen eher formalen Methoden führen dazu, daß sich eine Bewußtseinsebene in die nächste Bewußtseinsebene einfügt. Da dabei aber alle Bewußtseinsinhalte der Ebene, die in die nächste Ebene integriert werden soll, bewußt werden, ist die Freundlichkeit ein kaum verzichtbares Hilfsmittel zur Heilung und Integration dieser oft eher unangenehmen Bewußtseinsinhalte.

Die Mantren, Atemtechniken, Imaginationen u.ä. führen dazu, daß man sich dem nächsten Bewußtseinszustand annähert, wodurch dann das Verborgene bewußt wird und dann integriert werden kann. Die umgekehrte Methode funktioniert genausogut: Man ist freundlich zu sich selber und integriert dadurch die eigenen Bewußtseinsinhalte, was dann wiederum die Vereinigung z.B. des Wachbewußtseins mit dem Traumbewußtsein ermöglicht.

Diese „umgekehrte" Methode, also das allmähliche Heilen der Bewußtseinsinhalte, das dann das vermehrte Fließen der Lebenskraft bewirkt, ist der Ansatz der meisten Therapien. Die meisten Meditationen bewegen hingegen mit verschiedenen Methoden (Mantra, Atem, Meditation u.ä.) die Lebenskraft, wodurch dann die verdrängten Bewußtseinsinhalte wieder bewußt werden und integriert werden können.

Letztlich unterscheiden sich beide nur im Ansatzpunkt – die Wirkung ist bei ausreichender Gründlichkeit dieselbe. Es liegt nahe, beide Methoden zu kombinieren, also den Fluß der eigenen Lebenskraft durch Meditation anzuregen und zugleich (nicht nur in der Therapie) freundlich zu sich selber zu sein. Beides führt dazu, daß man sich kennenlernt, lebendiger wird und sich zu lieben beginnt.

... und warum sollte man sich eigentlich nicht kennenlernen und freundlich zu sich selber sein und sich selber lieben?

L Stufen der Freude

Freude entsteht, wenn man etwas Schönem begegnet, sich öffnen kann und sich mit ihm verbindet. Freude ist, technisch gesagt, die Erweiterung des Bereiches, der gemeinsam schwingt – wobei, um die Freude auch erleben zu können, das Wachbewußtsein ein Teil des schwingenden Bereiches sein muß. Freude entsteht, wenn man selber heiler wird, weil man einen vorher verborgenen Teil von sich integriert hat.

Daher ist das Einfügen eines Bewußtseinszustandes in den nächsttieferen Bewußtseinszustand die größte Quelle der Freude – der eingefügte Bewußtseinszustand findet in dem nächsttieferen Bewußtseinszustand Heimat, Wärme und Geborgenheit und eine Erweiterung seiner Wahrnehmung.

Dabei wächst die Freude mit jeder neuen Bewußtseinsform, in die man sein Wachbewußtsein einfügt, da der gemeinsam schwingende Bereich mit jeder Stufe deutlich größer wird – so ist z.B. das Tiefschlafbewußtsein der Seele sehr viel umfassender als das Traumbewußtsein, das seinerseits auch schon viel umfassender ist als das Wachbewußtsein.

Das Wachbewußtsein findet in den inneren Bildern Halt und Orientierung und Bedeutung. Die inneren Bilder geben dem Wachbewußtsein Kontakt und Zusammenhang und Verbindungen – als Motivationen, Erinnerung und auch als Telepathie.

Das Traumbewußtsein findet in dem Tiefschlafbewußtsein seine Quelle und dadurch das Muster, nach dem die inneren Bilder geordnet sind. Die inneren Bilder werden durch die Begegnung mit der eigenen Seele wie Äste und Zweige an dem Baum der Seele erlebt und werden dadurch verständlich und sinnvoll. Die Psyche und der eigene Charakter und auch der eigene Körper werden als Kunstwerk des Künstlers „Seele" erlebbar und begreifbar.

Das Tiefschlafbewußtsein findet in der Gottheit, deren Kind sie ist, eine Weitung und die reine Qualität, aus der heraus sie selber entstanden ist und nun ihre eigenen Erfahrungen in der Folge ihrer Inkarnationen macht. Aus dem Kreisen um die eigene Mitte wird beim Kontakt der Seele mit ihrer Gottheit ein weites, unbegrenztes Fließen und freies Schwingen, das nicht mehr durch die eigenen Erfahrungen und

Begrenzungen behindert wird.

Das Gottheitenbewußtsein wird dann in ähnlicher Weise sein eigentliches Wesen in dem Einen finden und sich in das ewige Hier und Jetzt hinein entspannen können und jede Unterscheidung und Bewertung aufgeben können – und ankommen.

Jede dieser Stufen der Vereinigung mit einer tieferen Bewußtseinsstufe läßt eine neue Form der Freude entstehen, eine neue Form des Erfülltseins, der Sinnhaftigkeit, des Verstehens und des Ankommens im Hier und Jetzt.

Die Ekstase ist ein grundsätzlich anderer Vorgang, da dabei die Frequenz des Bewußtseins nicht halbiert, sondern verdoppelt wird – das Wachbewußtsein konzentriert sich auf einen einzigen Gegenstand und reduziert daher seinen Horizont, was zu der deutlich höheren Intensität der Wahrnehmung führt. Das damit verbundene Erlebnis ist nicht die Freude, sondern die Lust. Freude ist Integration, Lust ist Schöpfung.

M Lehrer, Lehren, Traditionen ...

Es gibt eine Vielzahl von Meditationen und Traditionen – und von einer relativ großen Zahl von ihnen wird von ihren jeweiligen Vertretern behauptet, daß sie die richtigen oder gar die einzig richtigen sind.

Wenn man mit einem christlichen Mönch, einem Zen-Roshi, einem tibetischen Lama, einem jüdischen Rabbi, einem islamischen Hodja, einem afrikanischen Medizinmann und einem Dakota-Schamanen spricht und sie nach ihrer Weltanschauung fragt und danach, wie die Welt aufgebaut ist und was man unbedingt befolgen muß, erhält man eine sehr widersprüchliche Sammlung von Ratschlägen und Vorschriften. Wenn man dieselben Personen jedoch fragt, wie man einen effektiven Segen aussprechen kann oder wie man eine Astralreise zustandebringt, wird man von allen Personen fast dieselben Beschreibungen erhalten – was einfach daran liegt, daß alle denselben konkreten Vorgang in der derselben Welt beschreiben.

Alle diese „spirituellen Spezialisten" leben in derselben Welt, weshalb die Beschreibungen ihrer konkreten spirituellen und magischen Erfahrungen sich gleichen. Die Interpretation dieser Erfahrungen und die Bilder, die sie benutzen, um diese Erfahrungen zu beschreiben, unterscheiden sich hingegen sehr stark, da sie in den verschiedensten Kulturen leben.

Daher ist es sehr hilfreich, sich einmal mit verschiedenen Traditionen zu befassen und sich dabei vor allem die konkreten Anleitungen herauszusuchen und diese zu vergleichen. Auch Christus gibt im Neuen Testament eine Vielzahl solcher Anweisungen, die erstaunlicherweise oder selbstverständlich (je nach dem, was man erwartet) z.B. mit den konkreten Anweisungen von Buddha und Lao-tse oder auch von Platon oder Mohammed übereinstimmen.

Es spart viel Zeit und Streitigkeiten, wenn man sich von den Debatten über Dogmen fernhält und stattdessen das ausprobiert, was die jeweiligen Lehrer konkret an Anweisungen geben.

Daneben gibt es noch einen wichtigen Punkt in Bezug auf die Lehrer: Der Mensch lernt am leichtesten durch Nachahmung eines Vorbildes. Diese Nachahmung umfaßt nicht nur das äußere Verhalten, sondern auch innere Erlebnisse, die man bei einem genügend geübten Lehrer telepathisch wahrnehmen kann.

Wenn man zusammen mit einer solchen Person meditiert, kann man den inneren Zustand, in dem sich der Lehrer befindet, spüren und mehr oder weniger deutlich erleben. Dadurch kann der Schüler, wenn er schon offen genug dafür ist, den Zustand, den der Lehrer ihm zeigen will und den der Schüler anstrebt, erleben, bevor er ihn selber erreicht hat – was das Ausrichten auf diesen Zustand und das Erreichen dieses Zustandes deutlich erleichtert.

Wenn der Lehrer z.B. seine Kundalini fließen läßt und folglich sein Bewußtsein von der Ekstase bis hinauf zum Gottheitenbewußtsein schon weitgehend koordiniert schwingen lassen kann und sein Bewußtsein daher innerhalb dieses Bereiches weitgehend „wach" ist, kann der Schüler dieses Fließen in sich selber als Resonanz auf den Zustand seines Lehrers spüren.

Es ist z.B. auch möglich, daß der Lehrer in das innere Schweigen des Tiefschlafes geht und dieses Schweigen durch eine „innere Geste" telepathisch auf den Schüler ausdehnt und der Schüler dann auf einmal in sich erlebt, wie seine Gedanken verstummen, seine inneren Bilder verblassen und seine Gefühle stiller werden und er auf einmal nur noch Bewußtsein ist, das sich seiner selbst gewahr ist – und dann die Wärme und das Erfülltsein und das Strahlen und die Freude dieses Zustandes zumindest ansatzweise erlebt.

Diese Resonanz zwischen Lehrer und Schüler, durch die der Schüler einen ihm aus eigener Kraft heraus noch unerreichbaren Zustand kennenlernen kann, kann sehr differenzierte Formen haben und z.B. auch komplizierte Mandalas und die mit ihnen verbundene Vielfalt an Gottheiten umfassen – oder eben so einfach sein wie das innere Schweigen.

Dieser einfache Vorgang ist die Essenz einer jeden Einweihung. Man kann alle Bewußtseinszustände auch aus eigener Kraft heraus erreichen, aber an manchen Stellen kann ein fähiges Vorbild eine sehr große Hilfe sein.

N   Innen und Außen – Meditation und Magie

Meditation findet zunächst einmal im Innen statt. Da aber das Innen und das Außen immer miteinander übereinstimmen, werden durch innere Veränderungen auch äußere Veränderungen hervorgerufen. Wenn sich z.B. im Innen das Bild des Täters und des Opfers auflöst und man zu seiner eigenen Seele und seiner eigenen Kraft und Klarheit zurückgekehrt ist, dann wird es auf einmal auch im Außen keine Menschen mehr geben, die sich einem unterwerfen oder die einem befehlen wollen, was man zu tun hat ... und auch die übrigen inneren und äußeren Muster, die mit der Täter-Opfer-Polarisierung zu tun haben, werden verblassen.

Am deutlichsten kann man den Zusammenhang zwischen Innen und Außen daran erkennen, daß Wünsche dazu neigen, Wirklichkeit zu werden – wenn man sie sich von ganzem Herzen und unverkrampft wünscht. Falls ein Wunsch ein „Ja, aber ...“-Wunsch ist, wird man auch ein „Ja, aber ...“-Ergebnis erhalten, das eben an einer wesentlichen Stelle völlig dem widerspricht, was man sich mit dem „Ja“-Teil seines Wunsches herbeirufen wollte. Leider zählen auch Angstbilder zu den inneren „Wünschen“, d.h. Erwartungen, die sich daher im Außen „materialisieren“.

Auf dieser Entsprechung von Innen und Außen beruht die gesamte Magie. Die effektivste Methode, um eine äußere Resonanz zu einem inneren Bild zu erhalten, ist die Ekstase, die den erwünschten Zustand als das Konzentrationsobjekt benutzt – wie z.B. im Jagdzauber das Bild des erlegten Tieres (Wunsch) während des ekstatischen Jagdtanzes (Methode), aufgrund dessen die Jagd dann erfolgreich sein wird (Wirkung).

Die Meditation verändert nicht nur das innere Erleben, sondern auch die äußere Situation.

O Meditation: Ich, Du, Wir

Zunächst einmal ist Meditation etwas, was man alleine in seinem eigenen Inneren durchführt. Die Ausnahme davon ist normalerweise nur das traditionelle Lernen von einem Lehrer, also die Einweihungen.

Es gibt aber auch einige Formen der gemeinschaftlichen Meditation. Die offensichtlichste ist die gemeinsame Traumreise, bei der mehrere Personen gemeinsam in derselben Vision unterwegs sind, da sie sich alle für dasselbe Thema interessieren. Mit ein wenig Übung werden solche gemeinsamen Traumreisen wesentlich klarer und prägnanter als Solo-Traumreisen.

Man kann auch gemeinsam dieselbe Meditation durchführen, also z.B. eine bestimmte Kundalini-Übung oder eine bestimmte Mantra-Meditation. Unter Umständen können solche gemeinschaftlichen Meditationen hilfreich sein, da sie ein gemeinsames Schwingen in dem angestrebten Zustand entstehen lassen können.

Eine andere Form der gemeinschaftlichen Meditation ist der Kult. Dabei wird gemeinschaftlich eine Gottheit angerufen, mit der dann anschließend jeder einzelne innerlich Kontakt aufnimmt und evtl. Zwiesprache hält und um einen Segen oder eine konkrete Hilfe bittet. Die meisten Methoden der Anrufung einer Gottheit sind gemeinschaftlich deutlich effektiver als alleine. Das kollektive Einfügen des eigenen Wachbewußtseins in das Bewußtsein einer Gottheit wäre natürlich der Idealfall einer solchen Meditation, aber durch die Verbindungen der einzelnen Personen zu der Gottheit wird zunächst einmal vor allem eine intensivere Begegnung im Bereich des Traumbewußtseins, in dem die betreffende Gottheit als Vision oder als Stimme erlebt wird, entstehen.

Es gibt auch noch weitere Möglichkeiten von Gemeinschaftsmeditationen, bei denen andere Wesen eingeladen werden, wobei diese gemeinschaftlichen „Bewußtseinsausflüge" fließend in „spirituelle Familienaufstellungen", Rituale und Traumreisen übergehen – was letztlich daran liegt, daß alle diese Methoden eine Bewußtwerdung im Bereich der Träume und der Lebenskraft anstreben. Solche Wesen können z.B. die Gottheiten der verschiedenen Tiere, Pflanzen, Mineralien, Berge, Seen usw. sein, die bei dem Thema, zu dem sich die Gemeinschaft getroffen hat, eine Rolle spielen.

Diese Gottheiten erscheinen dann oft in den mythologisch bereits bekannten Gestalten, da diese Bilder im kollektiven Unterbewußtsein, also in der Gesamtheit der inneren Bilder der Menschen bereits lebendig sind. Bei den Tieren sind dies in der Regel die „Tiermütter", die wie die die gesamten alten Religionen prägende Muttergöttin der Menschen die Muttergöttinnen der betreffenden Tierarten sind.

Bis hin zur Epoche des Königtums, der Philosophie und des Monotheismus, aus der die meisten Meditationen stammen, zielte das Meditieren auf die Erleuchtung des Einzelnen ab. Ab ca. Christi Geburt findet sich dann vermehrt auch der Gedanke, der gesamten Gemeinschaft und allen Lebewesen zur Erleuchtung zu helfen, da eben alle Dinge letztlich nicht voneinander getrennt sind und man daher mit allen verbunden ist.

Auf die Epoche des Königtums, die mit ihrer Zentrierung unter anderem auch das klare „Ich" gefördert hat, folgte dann der Materialismus mit seiner Ausrichtung auf das Außen und somit das „Du". Seit einigen Jahrzehnten beginnt sich eine neue Epoche zu formen, in der das „Wir" im Zentrum steht. Damit sind auch neue Formen der Meditation verbunden.

In der Epoche des Königtums und des Monotheismus entwickelten sich die Meditationen, die die eigene Bewußtheit förderten, die die eigene Entscheidungsfähigkeit und die Eigenverantwortung betonten und die den Einzelnen als einen Teil des Selbstausdruckes des einen Gottes ansahen. Diese Meditationen beziehen sich daher auf die eigene Persönlichkeit und auf den einen Gott als die Essenz der eigenen Persönlichkeit.

In der Epoche des Materialismus richtet sich die Aufmerksamkeit nach außen, wodurch die eigene Psyche genauso wie die Welt sachlich analysiert wurde. Zugleich stand nun das Du im Außen deutlich als je zuvor im Zentrum der Aufmerksamkeit, woraus sich z.B. viele Überlegungen darüber ergaben, wie Beziehungen ein erfüllendes Erlebnis sein können. Die Meditationen, die ja im eigenen Inneren stattfinden, werden in dieser Epoche zum „Beziehungsgespräch" und zu der Suche danach, wie die Begegnungen mit anderen Menschen zu einer Quelle der Freude werden können.

In der seit einigen Jahrzehnten beginnenden Epoche steht nun nach dem Ich und dem Du das Wir im Zentrum der Aufmerksamkeit. Dadurch entsteht auch eine neue Form der Meditation, also der bewußten Erkenntnis und der Integration. In der derzeit beginnenden Epoche mit ihrem deutlicheren Bewußtsein für die Zusammenhänge zwischen allen Dingen und dafür, daß die Gemeinschaft auf der Erde eben nur gemeinsam überleben kann, könnten „Gemeinschafts-Meditationen", die auch die Tiermütter, die Pflanzengeister usw. umfassen, eine zunehmende Rolle spielen. In diesem Zusammenhang sind z.B. auch gemeinsame Visionssuchen in Bezug ein bestimmtes Thema gut denkbar.

Es lassen sich schon einige Strukturen der Spiritualität der derzeit anbrechenden Epoche erkennen, aber vieles wird sich erst noch zeigen ... die neuen Formen sind derzeit noch in der Entstehung.

P Vom kollektiven Unterbewußtsein
zum kollektiven Bewußtsein

Ein deutlich sichtbarer Teil der Entwicklung ist die Globalisierung. Materiell gesehen zeigt sich diese Tendenz sehr anschaulich im Internet, durch das im Prinzip alle Menschen mit allen anderen verbunden sein können.

Diese Globalisierung bezieht sich aber nicht nur auf das im Internet tätige Wachbewußtsein, sondern auch auf das Traumbewußtsein. Die Bilder, die man in sich selber finden kann, existieren in abgewandelter Form auch in allen anderen Menschen. Die allen gemeinsamen Bilder sind dann die Urbilder des kollektiven Unterbewußtseins – die Gottheiten. Bei diesen Urbildern gibt es kulturelle Unterschiede, aber die Grundtypen wie z.B. das Bild der Mutter sind letztlich in der gesamten Menschheit dieselben.

Die individuellen Bilder in dem Inneren eines einzelnen Menschen sind telepathisch mit den entsprechenden Bildern der anderen Menschen verbunden. Durch dieses Netz aus Verbindungen in Bezug auf ein bestimmtes Bild wie z.B. die Geborgenheit entsteht dann die Gottheit, die in diesem Beispiel die Muttergöttin wäre. Das kollektive Unterbewußsein ist sozusagen die „Landschaft" in der sich die persönlichen Traumbewußtseins der einzelnen Menschen befinden. Man könnte dieses kollektive Unterbewußtsein auch als den gemeinsamen Lebenskraftkörper der Menschheit ansehen. Dieses kollektive Unterbewußtsein kann daher von jedem gefunden werden, wenn er in seinem Traumbewußtsein die eigenen, individuellen Bilder verläßt und nach den Urbildern zu suchen beginnt.

Das kollektive Unterbewußtsein bzw. die telepathischen Verbindungen zwischen den Menschen sorgen u.a. auch dafür, daß sich in Beziehungen immer zwei Menschen treffen, die zueinander „passen", d.h. die in sich dieselben Grundmuster, Wünsche, aber auch dieselben Ängste und Süchte tragen – und sich daher die größtmögliche Freude und das größtmögliche Leid bereiten können, wobei dies Leid das Geschenk der Selbsterkenntnis und der Heilung in sich birgt.

Wenn genügend Menschen durch die Meditation ihr Wachbewußtsein mit ihrem Traumbewußtsein vereinen, wird aus dem kollektiven Unterbewußtsein allmählich ein kollektives Bewußtsein werden. Ein solches Bewußtsein wird dann aus den Urbildern der Menschen bestehen und auch die derzeitigen neuen Entwicklungen und Erkenntnisse enthalten.

Man kann sich leicht vorstellen, daß eine solche Bewußtheit über die kollektiven Urbilder und die Veränderungen in ihnen eine große Möglichkeit zur Koordination der Menschen bietet – wie das Internet. Neue Ideen von anderen Menschen lassen sich schneller intuitiv erfassen, wenn das kollektive Unterbewußtsein, in dem sich alle Gedanken, Gefühle und Bilder der Menschen befinden, allgemein bewußter zugänglich geworden sein wird.

So wie man individuell durch das Erlernen der Traumreise ein feines Gespür dafür erhält, ob eine Handlung im Einklang mit der inneren Bilderwelt steht oder nicht, so kann man durch die Bewußtwerdung des kollektiven Unterbewußtseins ein feines Gespür dafür erhalten, ob eine bestimmte Handlung im Einklang mit dem steht, was für die Gemeinschaft gut ist, d.h. ob diese Handlung im Einklang mit den Gottheiten im kollektiven Unterbewußtsein steht.

Es läßt sich gut vorstellen, daß ein solches kollektives Traumbewußtsein auch ganz praktische Dinge koordiniert wie z.B., daß die die verschiedenen Waren immer zu den Personen finden, die sie am dringendsten brauchen (statt zu denen, die am meisten dafür zahlen könnten). Individuell wird das dann so aussehen, daß die eigenen Wünsche nach bestimmten Dingen, wenn sie von Herzen kommen, sehr schnell in Erfüllung gehen werden. In der Kombination z.B. mit der Herstellung möglichst haltbarer und sinnvoller Produkte könnte dies durchaus den Effekt haben, daß insgesamt sehr viel weniger produziert und folglich auch deutlich weniger gearbeitet zu werden braucht.

Man kann sich nun fragen, wie z.B. die Verbindung des Tiefschlafbewußtseins zu einem „kollektiven Seelenbewußtsein" aussehen könnte. Daß es eine solche Form des Bewußtseins gibt, ergibt sich dadurch, daß keine Seele isoliert existiert, sondern eine Schwingung innerhalb des allgemeinen Seelenbewußtseins ist – so wie der menschliche Körper ein Teil der materiellen Welt ist und denselben Gesetzmäßigkeiten folgt wie der Rest der Welt. In dieser Weise ist auch das Traumbewußtsein jedes einzelnen Menschen ein Teil des Traumbewußtseins aller Menschen, also ein Teil des kollektiven Unterbewußtseins, in dem sich die Urbilder der Menschen finden, die sich dann in individuellerer Form in dem Traumbewußtsein eines jeden Einzelnen als die persönlichen Bilder finden.

Man kann davon ausgehen, daß das „kollektive Tiefschlafbewußtsein", weil es der Bereich der Seelen ist, auch die Grundqualitäten der Seelen hat, also Liebe, Wärme, Fülle, Bejahung, Leuchten, Kreativität, Richtigkeit ...

Es gibt in fast jeder Religion eine Gottheit oder eine andere Gestalt, die diesen Zustand darstellt. In der Regel ist dies der Toten-, Korn-, Auferstehungs- und Kulturbringergott. Dies sind Osiris, Christus, Buddha, Lao-tse, Mohammed, Zarathustra, Tammuz und viele andere. In der Regel ist diese Gottheit eng mit der Muttergöttin verbunden – meist als ihr Sohn.

Man kann vermuten, daß dieser Gott das Urbild für das Ruhen in dem Zustand des Tiefschlafes ist – zumal der Tiefschlaf das Seelenbewußtsein darstellt und somit auch der naheliegende Bewußtseinszustand eines Jenseits- und Todengottes ist.

Wie sich dieses kollektive Tiefschlafbewußtsein zeigen wird, wenn es durch die meditative Verbindung von Wachbewußtsein und Tiefschlafbewußtsein durch die einzelnen Menschen allmählich auch kollektiv bewußt wird, läßt sich kaum absehen. Man kann vermuten, daß es auf jeden Fall zu einer größeren Bewußtheit der Individualität der Menschen, zu der Erkenntnis der Reinkarnation und vor allem dazu führen wird, daß der Mensch sich nicht mehr als ein Mangelwesen erlebt, sondern als ein Kunstwerk, das die eigene Seele erschaffen hat. An die Stelle der Auffassung des Menschen als Mangelwesen wird die Vorstellung bzw. Erkenntnis treten, daß die Seele die Fülle ist, die durch jede Handlung eines Menschen in die Welt fließen will.

Der kollektive Übergang von der Vorstellung des Menschen, der an einem äußeren Mangel leidet, hin zu dem Bild des Menschen, der aus seiner inneren Fülle heraus sein eigenes Leben erschafft und komponiert, wird wahrscheinlich eine sehr große Veränderung der Kultur der Menschen mit sich bringen.

Dieselbe Betrachtung kann man nun auch in Bezug auf das Gottheitenbewußtsein anstellen. Die Gottheit der Menschen ist das Urbild der Menschen, sozusagen der „Menschen-Gott" – was sehr wahrscheinlich die Urmutter oder „Adam" und seine vielen Entsprechungen bei den verschiedenen Religionen ist.

Die kollektive Bewußtwerdung dieser „Mensch-Gottheit" wird sehr wahrscheinlich das Erleben der Menschheit nicht nur als miteinander verbundene Individuen, sondern als eines Kollektiv-Wesens ermöglichen. Die beiden naheliegendsten Gleichnisse für diese Bewußtseinsform sind der Ameisenhaufen und das Bienenvolk – wobei man nicht unbedingt davon ausgehen kann, daß jede Biene ein solch umfassendes Bewußtsein hat.

Wenn diese Entwicklung stattfindet, werden sich die Menschen vollkommen als eine Familie erleben.

Eine kollektive Bewußtheit über den einen Gott ist vermutlich erst einmal noch nicht zu erwarten, da die derzeit anbrechende Epoche erst einmal der Qualität des Gottheitenbewußtseins und somit dem Kontinuum entspricht, das im privaten Bereich der Familie entspricht.

Somit bliebe als letztes die Frage, ob sich eine solche Kollektivierung auch in Bezug auf das Ekstase-Bewußtsein bilden wird. Es gibt reichlich Negativbeispiel für kollektive Ekstasen wie Massenhysterien oder die Gleichschaltung der Menschen durch intensive Propagandaveranstaltungen. Ein neutraleres Beispiel sind die heftigen gemeinsamen Emotionen während des Endspieles einer Fußballweltmeisterschaft. Im kleineren Kreis gibt es die deutlich positiveren Ekstasen des gemeinsamen Ekstase-Tanzes mit magischer oder religiöser Zielsetzung.

Beispiele für individuelle negative Ekstasen wären z.B. die völlige Fixierung auf eine Angst oder eine Sucht, hinter der in der Regel ein Trauma steht. So wie bei jedem einzelnen Menschen in einem solchen Fall eine Traumatherapie notwendig ist, so kann man auch davon ausgehen, daß für die Entstehung von kreativen und lebensfördernden kollektiven Ekstasen vorher eine Heilung der kollektiven Traumata, die z.B. durch Kriege entstanden sein können, notwendig sein wird.

Kollektive Ekstasen sind also möglich und vermutlich sogar häufiger als individuelle Ekstasen (wenn man einmal vom Orgasmus absieht) – der wichtige Punkt ist bei Ekstasen immer das Bild und die Absicht, auf die sie sich beziehen.

Da man bei der Entstehung eines kollektiven Bewußtseins auf der Traumebene und vielleicht auch der Tiefschlafebene von der Ausrichtung auf Werte wie Lebendigkeit, Individualität und Fülle ausgehen kann, wäre zu hoffen, daß die Ekstase als allgemeine Fähigkeit, die auch in großen Gemeinschaften zusammen erlebt werden kann, erst dann auftreten wird, wenn das kollektive Traumbewußtsein und das kollektive Tiefschlafbewußtsein zumindest weitgehend bewußt geworden sind – so wie die Ekstase individuell meist auch erst nach der Integration des Traumbewußtseins und oft auch erst nach der Integration des Tiefschlafbewußtsein erlangt wird.

Diese Reihenfolge der Entwicklung würde die Menschen davor schützen, angstvolle und lebensfeindliche Bilder durch die gemeinsame Ekstase mit Lebenskraft aufzuladen und sie dadurch magisch wirksam zu machen. Vor der Ekstase sollte also eine gründliche Prüfung der Bilder stehen, auf die man sich vollkommen konzentriert – dies gilt sowohl individuell als auch kollektiv.

Q Gaia (Muttergottheiten u.a.)

Telepathie wirkt zwischen Menschen; Telepathie wirkt auch zwischen Menschen und Tieren; Telekinese wirkt auf Gegenstände; und das Bewußtsein existierte auch schon beim Neandertaler, bei den Affen, bei den frühen Säugetieren ... Letztlich sind alle Dinge bewußt. Die Bewußseinsinhalte eines Menschen sind lediglich deutlich komplexer als die eines Steines. Und alle Dinge sind durch die Lebenskraft miteinander verbunden, weil sie alle Lebenskraft enthalten – und können daher telepathisch und telekinetisch aufeinander wirken.

Die direkteste Wahrnehmung des Bewußtseins in Tieren, Pflanzen, Steinen und allgemein in der Natur ist die hellsichtige Wahrnehmung der Lebenskraft, da die Lebenskraft eng mit dem Bewußtsein verbunden ist.

Ein indirekter Nachweis des Bewußtseins bei Pflanzen ergibt sich aus zwei Feststellungen: Zum einen kann man durch seine Gedanken und Vorstellungen auf das Wachstum von Pflanzen deutlichen Einfluß nehmen, woraus folgt, daß Pflanzen eine (telepathische) Wahrnehmung haben; und zum anderen hängt die homöopathische Wirkung von Medikamenten, die aus Pflanzen (und auch aus Tieren oder Mineralien) hergestellt werden, mit der Vorgeschichte dieser Pflanzen zusammen.

Dies kann man sehr anschaulich z.B. beim Bärlapp (Lycopodium) betrachten, der homöopathisch als Antidepressiva Personen gegeben wird, die keinerlei Hoffnung mehr für ihre Zukunft haben, aber sich zumindest nach außen hin aufrecht halten („lediger, vergrämter, aber gerechter Notar"). Dies entspricht der Geschichte des Bärlapps, denn diese Pflanze, die es heute nur noch vereinzelt als kleines Kraut gibt, war einmal die wichtigste Pflanzenfamilie auf der Erde überhaupt, die fast die gesamte Landfläche bewachsen hat – und aus der der größte Teil der Braunkohle, der Steinkohle, des Erdöls und des Erdgases entstanden ist. Der Bärlapp lebt heute sozusagen auf den Massengräbern seiner eigenen Vorfahren und niemand beachtet ihn mehr ...

Der Bärlapp ist sich also seiner eigenen Vergangenheit bewußt, d.h. er verfügt über eine Erinnerung – denn warum sollte er sonst entsprechend seiner Vergangenheit wirken? ... und aus der Kombination von Wahrnehmung und Erinnerung ergibt sich Bewußtheit. Man kann diese Betrachtung durchaus als den Nachweis der Existenz des Bärlapp-Elfs ansehen. In ähnlicher Weise läßt sich dies auch für einige andere homöopathische Substanzen zeigen.

Bei den Tieren ist das Bewußtsein einer Tierart zumindest in schamanischen Kulturen als die Tiermutter der betreffenden Tierart bekannt. Diese Tiermütter können auch eine große Hilfe bei der Bejahung und der Entfaltung des eigenen

Krafttieres sein.

Ein bekanntes Beispiel für die Entsprechung zwischen Wirkung und „Biographie" eines homöopathischen Mittels aus dem Mineralreich sind die Bernsteinkettchen, die man zahnenden Babys zur Linderung der Schmerzen umhängt. Der Bernstein ist das versteinerte Harz einer Kiefernart, die vor 200.000.000 Jahren auf der Erde wuchs. Das Harz ist die Substanz, mit der sich Pflanzen gegen Eindringlinge verteidigen und mit denen sie ihre Wunden schließen. Dem entsprechen beim Menschen unter anderem die Zähne als Verteidigungswaffe. Auch die Zähne beim Baby sind zunächst noch weich und erhärten erst nach einer Weile. Die Analogie ist also präzise: Eine weiche, der Verteidigung dienende Substanz, die nach und nach erhärtet.

Das Traumbewußtsein ist die Bewußtheit in der Lebenskraft. Die Menschen haben als das kollektive Urbild der Menschen die Urmutter, die Tiere die Tiermütter, die Pflanzen den jeweiligen Pflanzenelf und die Mineralien (wenn man sie so nennen will) die Zwerge. Man kann davon ausgehen, daß jede organische Einheit von Lebenskraft wie z.B. die Lebenskraft eines Waldes, eines Sees oder eines Gebirges auch ihr eigenes Bewußtsein mit ihrer eigenen Wahrnehmung und Erinnerung hat.

Die Gesamtheit aller dieser Wesen bildet dann die wichtigsten Lebenskraft-Bilder der Erde, die in ihrer Gesamtheit oft Gaia, die Erdgöttin, genannt werden. Innerhalb dieser „Versammlung aller Geister der Erde" ist die Substanz der Erde selber aufgrund ihrer Größe vermutlich das wichtigste Wesen. Diese Lebenskraft-Wesen sind das Traumbewußtsein der jeweiligen Menschen, Tiere, Pflanzen, Mineralien oder Berge, Seen und Flüsse.

Jeder einzelne Mensch ist innerhalb dieser Vielzahl von Lebenskraft-Wesen mit anderen Wesen verbunden. Am bekanntesten ist dabei das Krafttier, das dasjenige Tier ist, das von seiner Qualität her am deutlichsten der Absicht der Seele des betreffenden Menschen für dieses Leben entspricht. In derselben Weise steht auch eine Kraftpflanze und ein Kraftstein mit jedem Menschen in Resonanz. Das Tier stellt die Handlungsweise, die Pflanze die Haltung und das Mineral die Struktur des betreffenden Menschen dar.

Die Erde ist natürlich nicht das letzte Element innerhalb dieser Folge von Organisationsformen der Lebenskraft. Die Erde ist ein Teil des Sonnensystems, dessen äußere Bewegungen sich auch in den inneren Vorgängen widerspiegeln, die logischerweise alle Wesen beeinflussen, die Teil dieses Systems sind. Diese „psychischen Vorgänge" im Bewußtsein des Sonnensystems können mithilfe der Astrologie beschrieben werden.

Auf das Sonnensystem folgen als nächstgrößere Einheiten dann der Spiralarm unserer Galaxie, dann die Galaxie selber, der Galaxienhaufen, der Galaxiensuperhaufen und schließlich die Großstruktur in unserem Weltall, die aus riesigen, kugelförmigen leeren Räumen besteht, um die herum sich wie in den dünnen Wasserschichten eines Schaumes die Galaxiensuperhaufen befinden. Erst dieser gesamte „Galaxien-Schaum" ist dann das eigentliche größte Wesen, die größte Einheit in Bezug auf die Lebenskraft in unserem Weltall.

Die Bewußtheit über die Erde als Lebewesen, dessen Zellen die Menschen, Tiere, Pflanzen, Mineralien und Berge, Seen, Flüsse und Wolken sind, ist einer der nächsten Schritte in der Entwicklung der Meditation und auch allgemein in der Entwicklung der Menschen.

Der große Unterschied zu den Meditationen, die aus der Epoche des Königtums und des Monotheismus stammen, läßt sich als Linie und als Pyramide darstellen.

Die klassischen Meditationen beschäftigen sich mit dem Verhältnis des einzelnen Menschen zum Ganzen, zu Gott, zu der Einheit, die die eigentliche Essenz aller Dinge ist. Es wird zwar bisweilen auch die Harmonie innerhalb des Ganzen beschrieben und vor allem wird auch die Nächstenliebe zunehmend in das Zentrum der spirituellen Bestrebungen gestellt, aber die Grundstruktur bleibt das Verhältnis des Einzelnen zum Ganzen und sein Weg zur Bewußtwerdung dieses Ganzen.

Die in der derzeit anbrechenden Neuen Epoche neu entstehenden Meditationen gehen hingegen von der Gesamtheit der Lebewesen aus und betrachten daher nicht nur den eigenen Lebenskraftkörper, d.h. das eigene Traumbewußtsein, sondern die gesamte Lebenskraft auf der Erde und die gesamten Lebewesen auf der Erde, die alle einen Teil dieser Gesamt-Lebenskraft als ihren eigenen Lebenskraftkörper haben.

Die Bewußtwerdung der Erde als eines weitgehend geschlossenen Systems führt dazu, auch die Gesamtheit der Lebenskraft und das kollektive Unterbewußtsein, also die Gesamtheit der Traumbewußtseins aller Menschen zu betrachten. Diese Gesamtheit muß als Ganzes erhalten werden und muß sich als Ganzes weiterentwickeln. Die individuellen Bemühungen sind natürlich weiterhin das, was diese Entwicklung in Gang setzt, aber diese Einzelbemühungen werden nun im Zusammenhang mit dem Ganzen gesehen.

Dadurch ergibt sich nicht nur eine Linie von dem einzelnen Menschen „nach oben" zu Gott, sondern eine Pyramide mit der gesamten Erde als Grundfläche, die als Ganzes aus Gott heraus entstanden ist und sich auch wieder als Ganzes organisieren und sich dieses Ursprunges wieder bewußt werden kann.

In diesem Übergang vom Einzelnen zur „Familie" sowohl im außen wie auch im Innen liegt der große Entwicklungsschritt der derzeit beginnenden Epoche. Dies bedeutet keineswegs ein Auflösung der Individualität, sondern es bedeutet, daß sich der Einzelne jetzt auch im Zusammenhang mit dem Ganzen erlebt und begreift. Im Idealfall wird sich der Einzelne dann nicht mehr über seine Grenzen, sondern über seine eigenen Qualität definieren.

R Ein Meditationsplan

Es ließe sich natürlich ein Plan aufstellen, wann man was und wieviel meditieren sollte, und es gibt auch genügend solcher Pläne, aber die Menschen sind zu verschieden, als daß solche Pläne mehr als Beispiele dafür sein können, welcher Weg für manche Menschen möglich ist.

Daher sollte man seiner inneren Stimme vertrauen und schauen, was einem begegnet und wohin das jeweils führt. Es ist durchaus sinnvoll, alles Hilfreiche einzuladen; und das Hilfreiche wird auch kommen – wie immer es dann auch konkret aussehen mag. Wenn Ihnen dieses Buch in die Hände gefallen ist, könnte dies vielleicht eine Anregung dazu sein, sich selber seinen Weg zu suchen, aber dabei durchaus auch einen Blick in die Landkarten zu werfen, die andere Menschen, die sich vor Ihnen auf diese Reise begeben haben, aufgrund ihrer Erfahrungen gezeichnet haben.

Wenn Sie nicht wissen, womit Sie beginnen sollen, wird es kaum falsch sein können, wenn Sie sich zunächst erst einmal einfach hinsetzen und einfach präsent sind – einfach spüren, daß Sie jetzt hier sind, daß das Leben jetzt und hier ist, daß Sie jetzt fühlen, denken, sehen, hören ... und daß Ihnen bewußt ist, daß Sie dies tun ... bleiben Sie einfach eine Weile in dieser Gegenwärtigkeit und schauen Sie, wie sich das anfühlt. Es wird wachsen und Sie werden durch Gespräche, Bücher oder Ereignisse herausfinden, welche speziellere Meditationsmethode oder Therapie für Sie geeignet ist – oder was auch immer Sie näher dorthin bringt, wo Sie gerne hinmöchten.